文明互鉴文库
初识中华文化基因丛书

陆海书系
LANDSEA

中希文明互鉴中心
西南大学汉语言文献研究所　组编

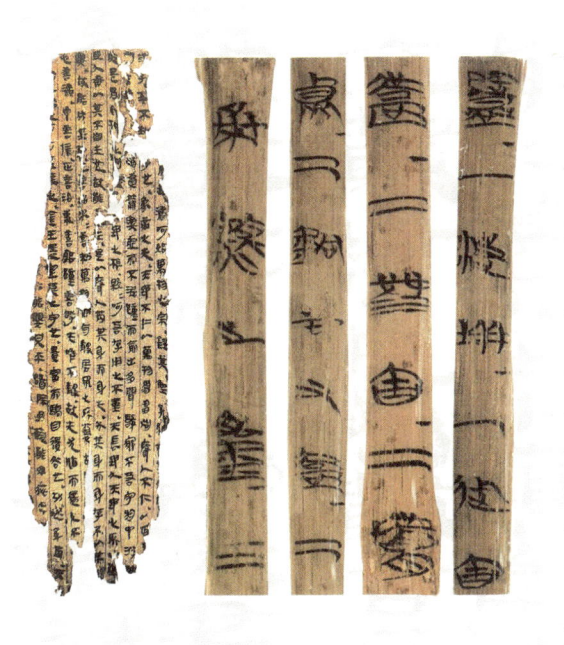

书于竹帛

重见天日的地下图书馆

张显成　编著

西南大学出版社
SWUP
国家一级出版社　全国百佳图书出版单位

图书在版编目(CIP)数据

书于竹帛：重见天日的地下图书馆 / 张显成编著
. -- 重庆：西南大学出版社, 2025.1
ISBN 978-7-5697-2184-3

Ⅰ.①书… Ⅱ.①张… Ⅲ.①简(考古)—研究—中国
②帛书—研究—中国 Ⅳ.①K877.54

中国国家版本馆CIP数据核字(2024)第031020号

书于竹帛：重见天日的地下图书馆
SHU YU ZHUBO: CHONGJIAN TIANRI DE DIXIA TUSHUGUAN

张显成 编著

责任编辑：	何雨婷
责任校对：	王玉竹
装帧设计：	殳十堂_未 氓
排　　版：	吴秀琴
出版发行：	西南大学出版社（原西南师范大学出版社）
	地址：重庆市北碚区天生路2号
	邮编：400715
经　　销：	全国新华书店
印　　刷：	重庆升光电力印务有限公司
成品尺寸：	145 mm×210 mm
印　　张：	4.875
字　　数：	110千字
版　　次：	2025年1月　第1版
印　　次：	2025年1月　第1次印刷
书　　号：	ISBN 978-7-5697-2184-3
定　　价：	39.00元

"文明互鉴文库"编辑委员会

主 任

崔延强

委 员（按姓氏笔画排列）

王本朝　王牧华　文　旭　邹芙都　张发钧
孟蓬生　赵国壮　徐松岩　郭美云　冀开运

丛书序

崔延强

在人类文明的浩瀚星空中,有两颗璀璨的明星,一颗在东方,一颗在西方,相映成趣,熠熠生辉。在东方的叫作中华文明,在西方的叫作希腊文明。中希两大文明以同样深厚的文化底蕴和特色鲜明的文化基因,为人类文明的发展做出了不朽的贡献。

不同文明的交流互鉴是推动人类文明进步和世界和平发展的重要动力。中希两大文明的交流互鉴,乃至于后续即将开展的中西文明互鉴,对于保持人类文明的多样性和构建人类命运共同体具有重要意义。为了让更多的人了解五千年的中华文明史并感受中华文化的独特魅力,深入推进中希文明交流互鉴,我们特别推出"初识中华文化基因"丛书,作为"文明互鉴文库"的一个系列。该丛书还得到中共重庆市委宣传部的大力支持,并收录于"陆海书系",在此表示诚挚的感谢!

丛书首批共有七册,内容围绕文字本体、文字的物质载体、书法艺术、文字的文化内涵展开,涵盖了甲骨占卜材料、青铜器及其铭文、简帛文献、出土秦汉法律文书、简帛数术文化、石刻书法艺术和纳西哥巴文等多个方面。这些内容不仅是对中国传统文化的深入挖掘,更是对中华文化基因的细致解读。

在甲骨占卜材料中,我们将带您领略古人如何借助神秘的龟甲兽骨来探寻天地之间的奥秘;在青铜器及其铭文中,我们将揭示那些精美的青铜器背后所蕴含的历史沧桑;在简帛文献中,我们将带您穿越时空,感受古人的智慧与才情;在出土秦汉法律文书中,我们将解读那些千年前的法律文书所揭示的社会风貌;在简帛数术文化中,我们将揭示古人如何运用数术来认识世界、预测未来;在石刻书法艺术中,我们将带您欣赏那些刻在石头上的书法艺术,感受中华文字的魅力与力量。此外,我们还将对纳西哥巴文进行概述和研究,探讨这一古老的纳西族文字与汉族文化的交流与融合。

这套丛书的内容深入浅出,语言通俗明快,适合国内各个年龄层次的读者,也适合国外研究汉学的专家和学习汉语的外国留学生。无论您是文化爱好者、历史研究者,还是对中华文化感兴趣的普通读者,都能够在这套丛书中找到属于自己的乐趣并有所收获。

我们期待这套丛书能够成为中希文明互鉴的一座桥梁,促进不同文化之间的交流与融合,推动人类文明的共同进步和世界的和平发展。

让我们从这套丛书开始共同踏上探寻中华文化基因的旅程吧!

目录

一、中国最早的古书：简帛　/ 001

二、简帛的载体：竹木和丝绸　/ 007

三、简帛的成书：书写及其工具　/ 010

四、绵长的书写平面：编册和丝绸　/ 013

五、漂亮的宽大木板：方　/ 023

六、精巧的保密装帧：检　/ 029

七、多棱的书写木简：觚　/ 037

八、巧妙的标识木牌：楬　/ 044

九、古今文字演变的再现：简帛的文字　/ 050

十、地下图书馆的开启：简帛的内容（上）　/ 071

十一、地下图书馆的开启：简帛的内容（下）　/ 109

十二、结语　/ 144

后记　/ 148

地不爱宝，在重现上古文献方面上天很偏爱我们。20世纪初以来，在中国大地陆续出土了大量的先秦汉魏时期的写在竹片、木片或丝绸上的文献，这些文献大都是失传佚亡一两千年的珍贵文献，并且不光数量巨大，还在陆续出土，大有在数量上赶上并超过传世的先秦汉魏文献之势，简直就是为我们开启了一座美不胜收的"地下图书馆"。

每一个想了解中国传统文化的人，都不得不了解这些文献，因为它们的价值太大了。

这些文献叫"简帛"。下面我们就来进行介绍。

一、中国最早的古书：简帛

什么是书？书是成系统的文字作品。在纸张发明并广泛运用后，就是装订成册的著作。一件件单独的文书显然不是书。所以，甲骨文、金文不是书，因为不是成系统的文字作品。

甲骨文文献不是书，只是文书。甲骨文距今已3000多年，是流行于商、周时期的文献。它的载体是龟甲，以及兽骨（主要是牛肩胛骨）。商周人用龟甲、兽骨占卜，并将占卜之内容用当时的书体契刻在甲骨之卜兆旁边，称"卜辞"，如图1所示。

这片甲骨上的文字算多的，是多次占卜刻写

> 图1 甲骨文图

的结果。但这些文字显然是不成系统的作品,所以甲骨文文献不是书,只是文书。

　　金文文献也不是书。金文是铸刻在青铜器上的铭文,主体是商周金文,内容主要是有关祭祀、战争、政治制度、册命、诰文、契约与律令、外交、经济、交通、音乐等的记载,但文字简短,根本不成系统。如图2、图3这两则金文。

> 图2　金文图

一、中国最早的古书：简帛

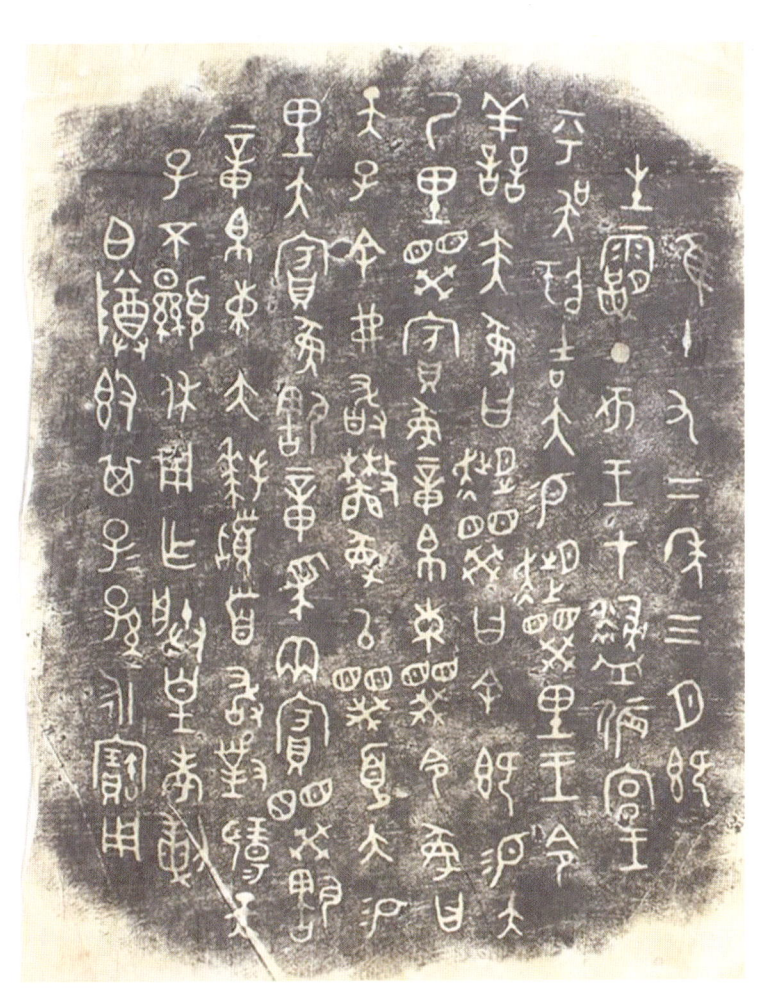

> 图3　金文图

图2这则金文仅十来个字，显然不是书。图3这则文字较多，但也不是成系统的文字作品。

所以，甲骨文和金文都不是书。

|重见天日的地下图书馆|

　　书是成系统的文字作品,那载体的面积一定要比较大才行。中国最早的古书是简帛,简帛的载体面积就大,其文字容量可满足任何书籍的篇幅,因为简帛的平面是绵长的。

　　简帛,是"简牍帛书"的简称。简牍和帛书,分别指以竹片、木片为载体的文献和以丝绸为载体的文献。[1]中国历史上"简牍"与"帛书"广泛运用的时间是并行的,故常常是"简帛"连称,指纸张广泛运用以前的古代书写材料,亦指纸张广泛运用以前的古代文献。简帛主要运用于殷商至三国西晋,时间长达约2000年。[2]

　　图4、图5分别是简牍和帛书的图片。

---

[1] 帛,是古代丝织品的通称,故写在帛上的作品称"帛书"。
[2] 我国书籍的整个历史发展,共经历了三个阶段,即简帛时代、纸卷时代、印刷时代,并续以今天的"电子数据时代"。这三个阶段各自经历的时间如下:

　　简帛时代:约2000年。
　　纸卷时代:700多年。
　　印刷时代:1000多年。

纵观我国书籍产生发展的整个历史可知,第一个阶段简帛时代经历的时间最漫长,占了我国书籍历史的一半以上的时间。仅此而言,就应当引起我们对简帛文献的足够重视,要了解和研究我国的传统文化,就必须高度重视对简帛文献的研究。

一、中国最早的古书：简帛

> 图4　以竹为载体的简牍示意图

> 图5 帛书图

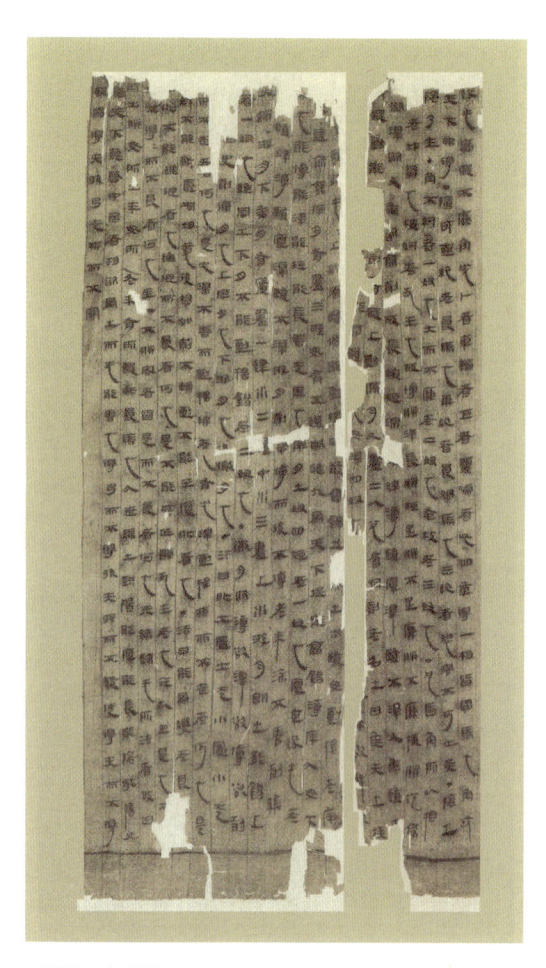

从以上简牍图和帛书图可知，它们都是成系统的文字作品，所以我国最早的书是简帛。简帛除了用于书写书籍外，也用于书写文书。

二、简帛的载体：竹木和丝绸

简帛文献的载体是竹木和丝绸，即将文字或图画写或绘在竹片、木片和丝绸上。

竹在中国南方遍地都是。木即树木，更是在全国各地都有。所以用它们来做成竹片、木片是十分容易的。

图6是竹图，图7为木图。

> 图6　竹图

> 图7　木图

将竹或木加工成片状,再用绳编联,就是一个可供书写的平面,称"编册"。图8是写了文字的简牍编册。

> 图8　简牍编册示意图

二、简帛的载体：竹木和丝绸

竹片称"简"或"竹简"，木片称"牍"或"木牍"。由于"简牍"多连称，故人们把牍也称为"简"或"木简"。

中国的丝绸产生非常早，我国素有"丝国"之称，早在新石器时代就出现了丝织品和石制或陶制的纺轮，安阳殷墟中就发现了纺织技术很高的丝帛残迹。甲骨文中"丝""帛"更是常见字。所以，古人很早就利用丝织品作为文献载体了，即将文字写在丝绸上。图9是写了文字的丝绸，即帛书。

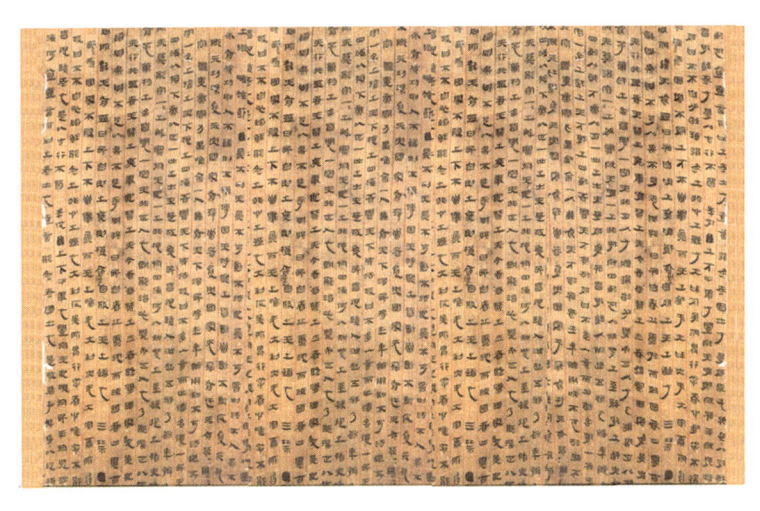

> 图9 帛书图

三、简帛的成书：书写及其工具

古书简帛是怎样写成的呢？书写工具是什么呢？

简牍的主要载体是简，即竹片和木片，是用绳编联起来使之成为一个绵长的平面，为了便于阅读和收藏，其书写方向自然就是从上往下写，自右往左行。帛书以丝织品为载体，而丝绸当时是极昂贵之物，一般是不用它的，但帛书的书写习惯与广泛使用的简牍的书写习惯保持一致。这一书写习惯一直延续几千年，直到19世纪末西洋书的装帧式样传入中国后在20世纪上半叶才改成今天的从左往右写、自上往下行的式样。

简帛时代虽距今甚远，但当时的书写工具仍然是毛笔、墨、砚和研石，只不过当时的毛笔与后世的有些不同罢了。

毛笔在我国出现得很早，母系社会末期就已出现。西安半坡新石器遗址中出土的陶器花纹，就是用毛笔描绘的。从出土的毛笔实物来看，先秦两汉的毛笔与今天所用的毛笔差不多。不同的是，当时的毛笔笔套长，是将整支毛笔（笔毫和笔杆）保护起来的。为便于取笔，将笔套一个端口打通，笔套中间两侧镂空。图10是毛笔的笔杆和笔套均为竹料的示意图。

> 图10　毛笔及笔套示意图

图10是单管笔套,即一个笔套装一支笔。还有双管笔套,即装两支笔的笔套,且有的还是用木料制成的,自然会比较精美。图11是1993年在江苏连云港尹湾汉墓中出土的毛笔及笔套。

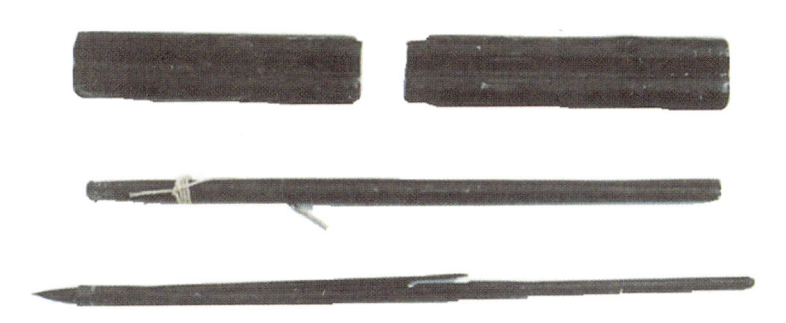

> 图11　尹湾汉墓出土的双管笔套及笔

这个双管笔套两端末无孔,从中间分为两截,两截可自由分合,分合相接处有槽,故将笔插入后笔套两截相合则成为一体,取笔后两截分开则为二。

以上是毛笔,下面说墨。墨是书写颜料,多为黑色,也有其他颜色,如朱红。考古发现的我国最早的墨为上古乃至新石器时代所用的石墨,这是在仰韶文化时期的姜寨遗址中发现的。当时一并发现了一套完整的绘画用具,所以简帛时代使用墨就很普遍了,考古发现的简帛时代的墨不少。

书写工具除了笔和墨,还有就是调制墨汁的工具墨盘和磨墨棒。墨盘又称"砚",磨墨棒又称"研石",大都用石头制成,其共同作用是研磨、调和墨并使之成为宜于书写的墨汁,而墨盘还有一个作用——盛墨汁。简帛时代的墨盘和磨墨棒与后世区别不大,只不过出土所见者大都做得比较精美,墨盘大都有足。

四、绵长的书写平面：编册和丝绸

简帛的书写载体分别是以竹木片制成的书写平面和以丝绸为载体的书写平面。它们之所以能书写长篇文字，是因为它们的书写平面是绵长的。

下面先说绵长的书写平面——编册。

先将竹或木加工成片状，一般一枚简写一行字，这是常规简；也有特意制作得比较宽用来写两行三行字的，属于非常规简。简的厚度多为0.1～0.2厘米，常规简的宽度多在0.8厘米左右。战国时期常规简的长度一般为当时的2尺，约合今天的46厘米；秦汉魏晋时期的常规简长度一般为当时的1尺，约合今天的23厘米。

竹木被加工成片状后，用绳编联起来，就成为一个书写平面。编联起来者称"编册"或"简册"。一个编册可以编联起几十枚竹片或木片，若一本书一个编册写不下，就可接着写于第二、第三个编册，直到写完为止。

北京大学藏西汉竹书《老子》是用三道绳索编的，出土时编绳虽已朽坏，但编绳处仍清晰可见。图12是该书简册的局部。

> 图12　北大汉简《老子》局部

若不需要书写很多文字，则所用的竹木片就可少些，如20世纪80年代在甘肃敦煌出土的汉简《传车簿册》，只有10枚简，出土时简和编绳都已有残损，如图13所示。

四、绵长的书写平面：编册和丝绸

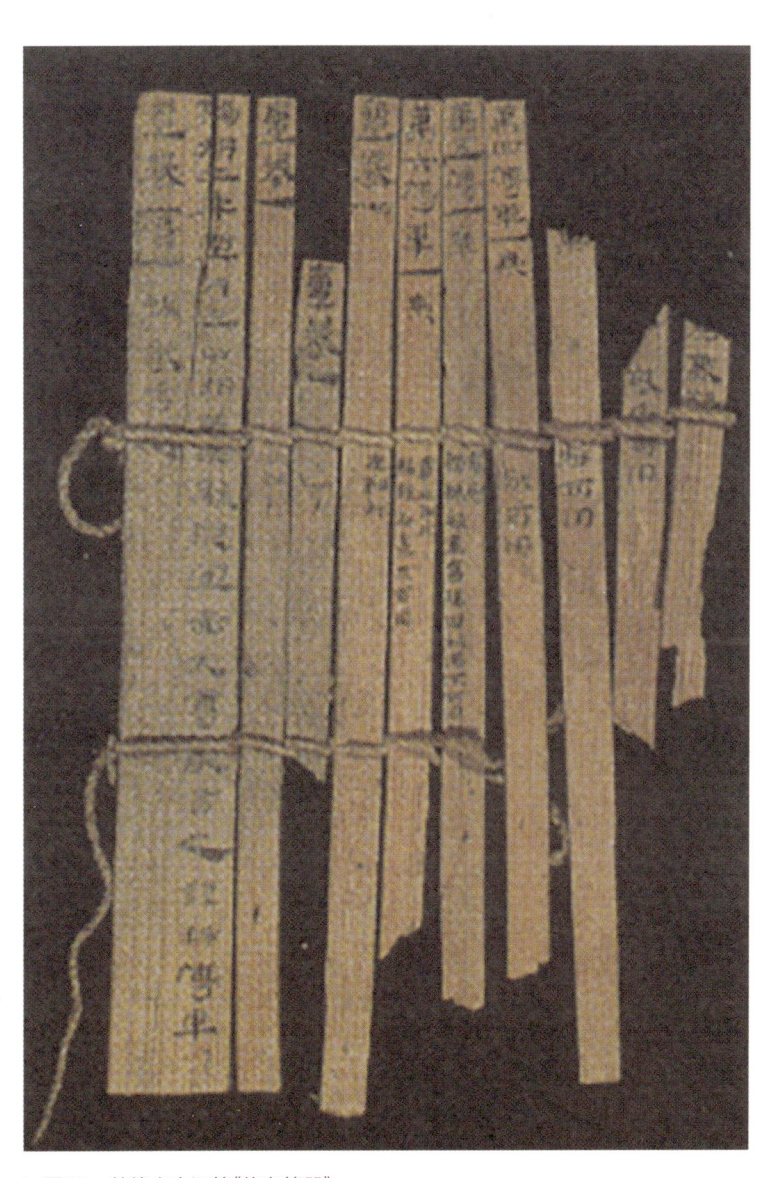

> 图13　敦煌出土汉简《传车簿册》

而20世纪30年代初中瑞西北科学考察团在内蒙古阿拉善盟额济纳旗古居延遗址发掘的《永元器物簿》则是一个难得的编绳保留完好的编册,如图14所示。

> 图14 居延汉简《永元器物簿》

编册是一个平面,故不光可以书写文字,还可以绘图,如图15是清华大学藏战国竹简的《筮法》编册,既书文字,又绘图画。

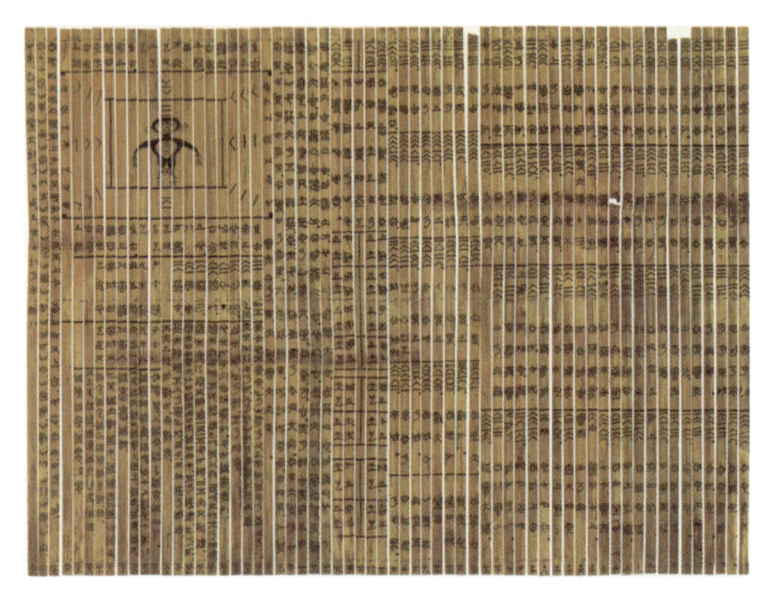

> 图15 清华简《筮法》

再如图16，是1993年在湖北荆州周家台30号秦墓中出土的《线图》，绘在20多枚简上，既有图案，又有文字。

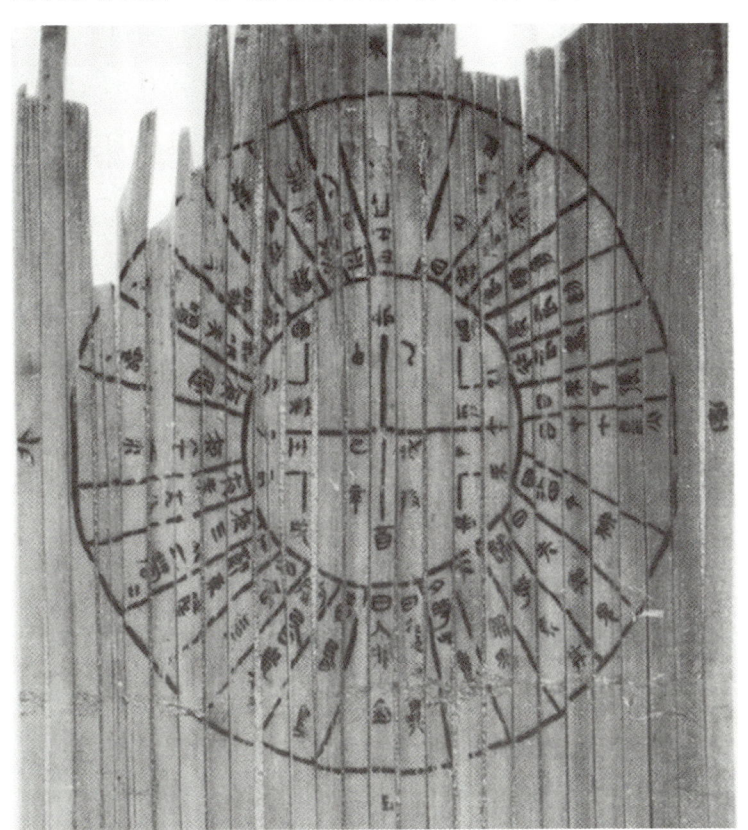

> 图16　周家台30号秦墓出土《线图》

下面说说简册的展阅和收卷。简册展开自右边开始阅读，收藏时从左边往右收卷成卷捆。右边前两枚简的背面往往书写上该编册的标题。图17为1959年在甘肃武威出土的汉简《仪礼》第三篇《士相见之礼》的示意图。右图为展开者；左图为收卷图；收卷起来后第一、二枚的背面分别写上篇名"士相见之礼"和篇序名"第三"，如图17所示。

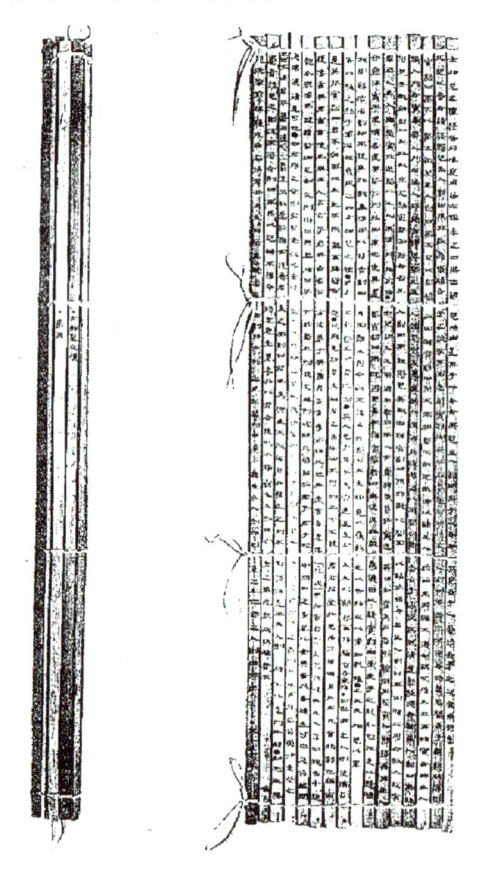

> 图17　武威出土汉简《仪礼》第三篇《士相见之礼》示意图

四、绵长的书写平面：编册和丝绸

以上是有关编册的情况，下面接着讲另一个绵长的书写平面——丝绸。

丝绸，也称"缯""丝帛"，如前所述，以之为载体的文献多称"帛书"，也称"缯书"。丝绸是纺织品，自然是绵长的平面，文献书写者可以根据自己所书文献长短的需要来截取长度。从出土的帛书来看，帛书的宽度有的为48厘米，有的是24厘米，这显然分别是整幅丝绸和半幅丝绸。因丝绸昂贵，故出土所见帛书书写规整，如1973年在湖南长沙马王堆汉墓出土的帛书，丝帛上分别画有朱栏纹行线或墨栏纹行线，每行字数，凡整幅者，一般在70字左右；半幅者，一般在32字左右。图18为马王堆汉墓出土帛书《老子乙本》结束部分第65行至第77行的下半部分。该书是在整幅丝绸上抄写的，左边未写字部分的朱栏纹行线尚存，说明是先画上朱栏纹行线的。

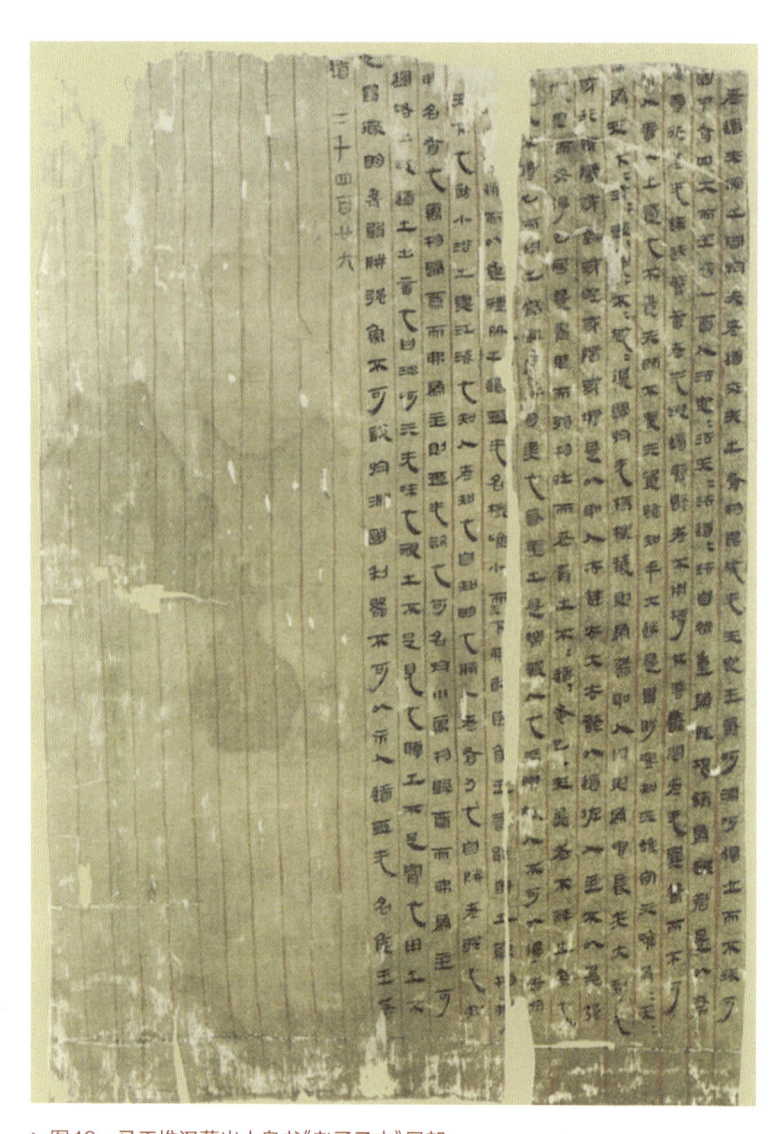

> 图18　马王堆汉墓出土帛书《老子乙本》局部

四、绵长的书写平面：编册和丝绸

丝绸上也是既可以写字，也可以绘画或绘制地图的。如长沙马王堆三号汉墓出土帛书《太一将行图》就是一幅画。天之尊神"太一"位居中央，百神随从。太一面红身赤，头上长着双重鹿角，嘴巴张开，舌头外吐，上身裸露，两手向下垂，下身穿短裤，赤足，双膝微屈，作马步状。图19是《太一将行图》，出土时已有残损。

> 图19　马王堆汉墓出土帛书《太一将行图》

帛书收卷的方式有两种,一种是与编册一样收卷成卷捆式样,另一种是折叠起来。马王堆汉墓帛书出土时呈两种形式:用半幅抄写的一类卷成卷捆形式;用整幅抄写的一类,被折成大致相当于今天16开大的长方形,叠成一块,如图20、图21所示。

> 图20 马王堆汉墓出土帛书收卷展阅示意图

> 图21A 马王堆汉墓出土帛书折叠图   > 图21B 装折叠帛书的盒子外观图

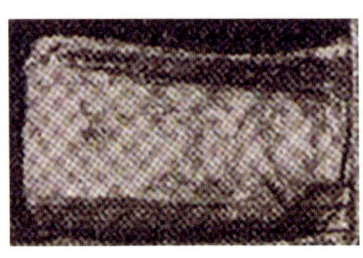

五、漂亮的宽大木板：方

前面讲到编册和丝绸都是绵长的平面,可以写很长的文章或书籍。简帛时代,如果所写的文字不是很多,又不用编册和丝绸,古人就往往选用另一种载体形式——方。所谓方,就是木方,属于木牍中大的一类,多为长方形,也有正方形的。

1993年在江苏连云港尹湾汉墓中出土的编号为YM6D2的木方,所书文献为《东海郡吏员簿》。该方长23厘米(合当时1尺)、宽7厘米;正反两面书写,正面写了21行1500多字,反面写了23行2000来字;内容为东海郡太守、都尉和各县、邑、侯国以及盐、铁官的吏员统计数字。如图22所示。

> 图22　尹湾汉墓出土的编号为YM6D2的木方《东海郡吏员簿》，右为正面，左为反面

五、漂亮的宽大木板：方

简帛时代，多用方来制作名刺[1]。名刺，又称"名帖"，拜访时通姓名用的名片，是古代官员等上层人士交际不可缺少的工具。尹湾汉墓出土的编号为YM6D23的木方就是名刺，如图23所示。

名刺反面	释文	名刺正面	释文
	东海太守功曹史饶谨请史奉谒再拜 请 威卿足下 师君兄		进长安令 儿君

> 图23 尹湾汉墓出土的编号为YM6D23的名刺

---

[1] 名刺，今天称"名片"。我国古代的名片，在唐代时流传到日本、朝鲜等亚洲国家，今天日本的名片还写作"名刺"（めいし，罗马音meishi）。

尹湾汉墓出土的名刺有10枚,这说明至少在秦汉六朝时期,官吏之间就已盛行以名刺这种形式相互交往,或请谒问疾,或彼此帮忙。同时说明,我国很早就有使用名刺的习俗,远远早于传世文献的记载。

方上既可书写文字,也可绘画或绘制图表。如尹湾汉墓中出土的编号为YM6D9的木方(长23厘米、宽9厘米)的正面,第一栏和第二栏是《神龟占》,第一栏书文字,第二栏绘神龟(神龟的左后足书"以此右行"四字);第三栏是《六甲占雨》,是绘制的图表。《神龟占》属占卜文献,以之来占卜官府能否捕获到盗贼,以及盗贼的姓名和其所在方向。《六甲占雨》也属占卜文献,将六十甲子分排于菱形图中,以占测晴雨。如图24所示。

古代,地图一般都绘制在木板上,条件优越的可以绘制在帛书上。例如,1986年在甘肃天水放马滩1号秦墓出土的7幅地图,均用墨线绘在4块大小基本相同(长26.7厘米、宽18.1厘米、厚1.1厘米)的松木板上,即几个木方拼合后即为全图。有学

> 图24 尹湾汉墓出土的编号为YM6D9的木方正面

五、漂亮的宽大木板：方

者研究指出，该图是战国时期秦国邽县的区域图，所呈现的范围为东西270里，南北176里，总面积47520平方里；东至今陕西省宝鸡市以西20千米处，北至今甘肃省天水市秦安、清水县，西至今天水市秦州区天水镇，南至今甘肃省陇南两当、徽县北部。从历史上看，包括了春秋时犬丘、西戎的地域。图上不仅有山川、河流、居民点、城邑，还特别注有各地之间的相距里程，与现今距离大都相符。图25为其中一块木方（编号为"四"）上所绘的图，图26为拼合后的全图摹本。

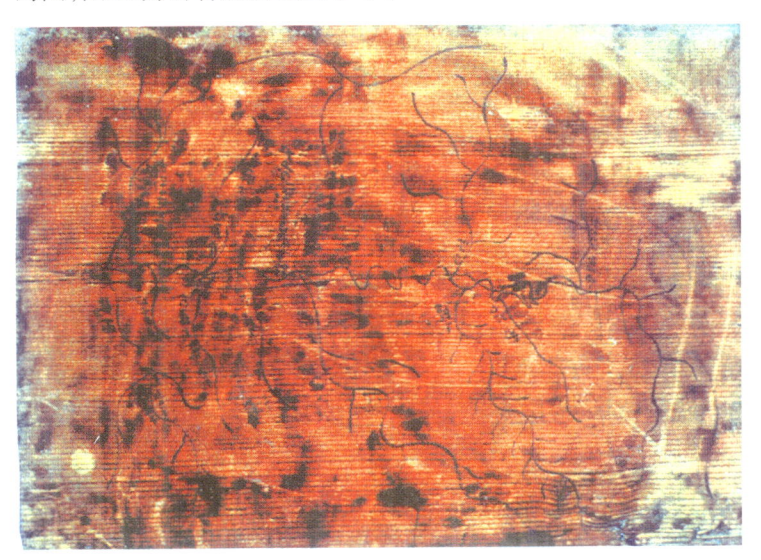

> 图25　放马滩1号秦墓出土木方地图（编号四）

> 图26　放马滩1号秦墓出土木方地图全图摹本

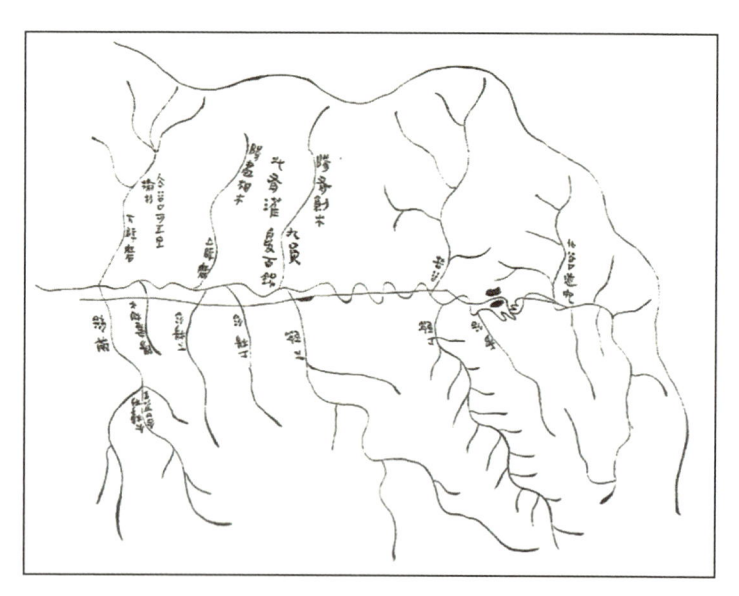

六、精巧的保密装帧：检

检，又称"封检"，是古代公文传递或保存时所用的密封装置。一般在书有需保密文字的木牍上盖上检木，甚至在检背面也写上需保密的文字。检木用来封闭内里的书写内容，上刻有凹槽（多为横向），外用绳缠绕凹槽和下面的木牍，再用泥封住凹槽结绳处。泥多称"封泥"。在封泥没干之前加盖上印章，待封泥干后，便是完美的保密装置，一旦拆封就无法还原。如图27所示。

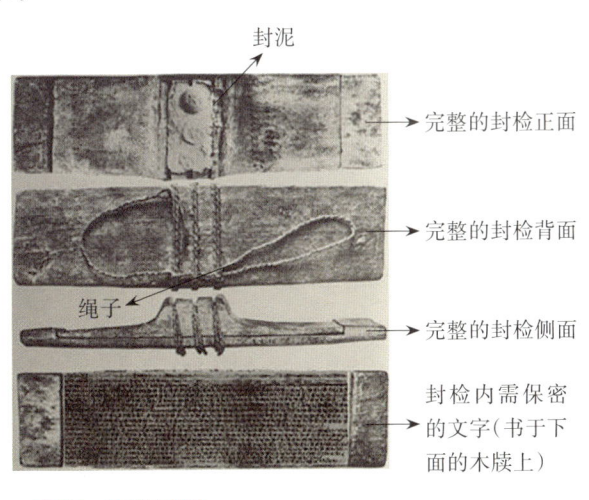

> 图27　封检示意图

也就是说，整个封检由六部分组成：1.书有保密文字的木牍；2.检木（封住保密文字的木片）；3.封泥槽；4.缠绕封泥槽和木牍的绳子；5.封泥；6.在泥上盖的印章。

> 图28　封泥示意图

六、精巧的保密装帧：检

图29是西北出土的封检，出土时缠绕封泥槽和木牍的绳子已朽坏不见。如右图所示，该封检在出土时封泥还有一些见在。

> 图29 西北出土封检

在古代，最常见的检是文书检，相当于今天所说的保密信件。古代的文书，按其上呈与下达的方式，大致可分为上行文书（对上级的文书）、平行文书（平级之间的文书）、下行文书（对下属的文书）三种。无论是哪一种，大都需要保密传送，所以古代的封检使用的频率很高，出土所见封检也很多。

从形式上看，封检可分为几类。第一类是上述形式的封检，此类最明显的特征是检木下面的木牍中间有一个与检木同等大小的平面凹槽，用于书写保密文字，[①]平面凹槽两端凸起，检木扣在平面凹槽内。图30是2004年长沙东牌楼出土的检木下有平面凹槽且两端凸起的木牍照片。

[①] 此平面凹槽与检木表面的凹槽是大不相同的，前者是一个大平面，作用是书写文字；后者是小的齿状凹槽，用于捆扎绳索和盖封泥印章。

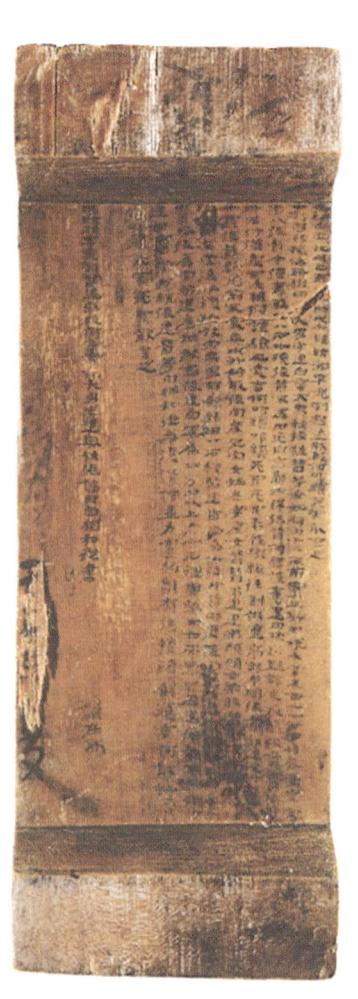

> 图30 东牌楼出土的检木下有平面凹槽且两端凸起的书写保密文字的木牍，右为正面，左为背面

六、精巧的保密装帧：检

其他形式的封检检木下的木牍则无平面凹槽，而是一块整的普通木牍，其检木主要有以下几种：

一种是封泥槽居中，即封泥槽与两端的距离相等，如图31、图32所示。

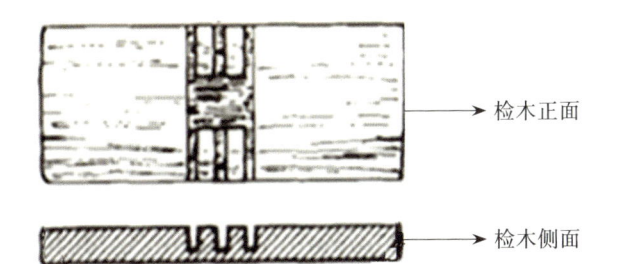

> 图31 封泥槽居中的检木示意图

> 图32 东牌楼出土的封泥槽居中的检木，右为正面，左为背面

一种是封泥槽偏于一端，即封泥槽居于上端或下端，如图33所示。

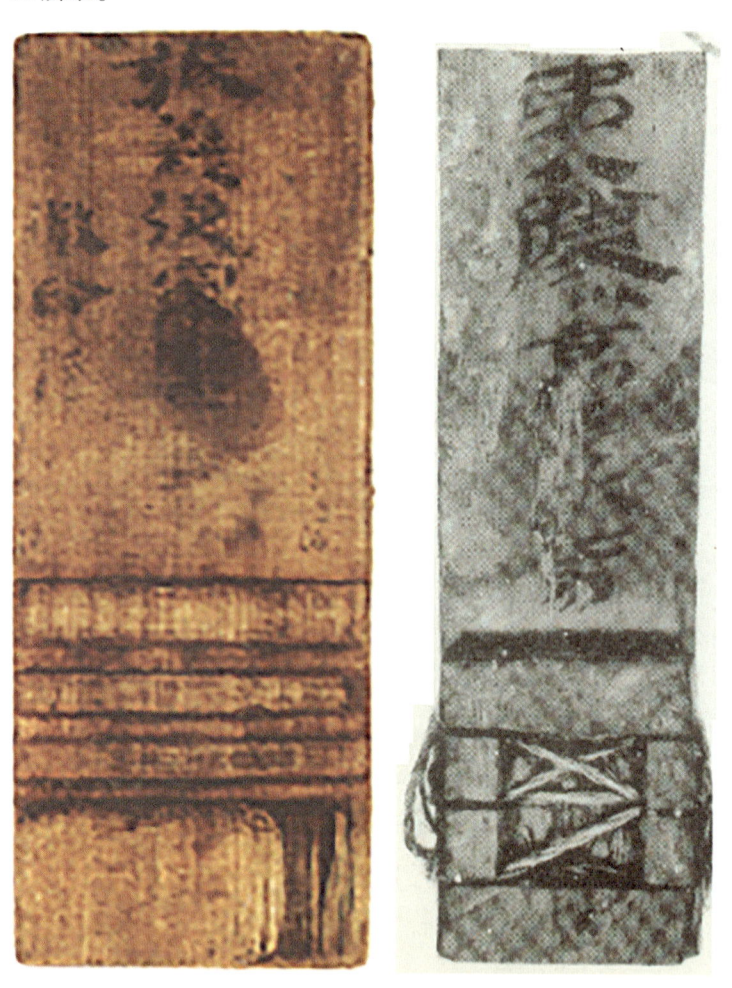

> 图33 封泥槽居于下端的检木正面，左图为东牌楼出土的实物，右图为西北出土的实物

一种是检木一端厚,封泥槽居于厚端,如图34、图35所示。

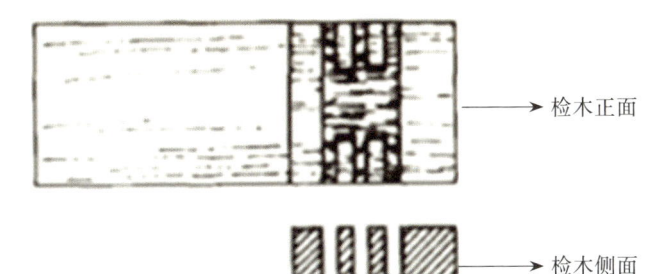

> 图34　封泥槽居于厚端的检木示意图

> 图35　西北出土的封泥槽居于厚端的检木

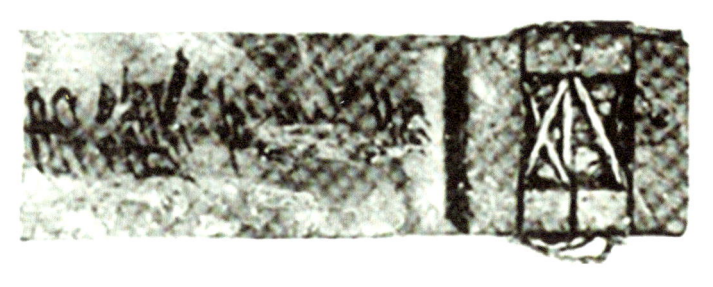

以上是根据形式所分的封检类别。从内容上分,封检可分为两类:一类是"文书检",另一类是"实物检"。

文书检是封检中最多的一类,检面所署文字一般包括三部分:A.中间写收件人名(或官府名,或官名);B.右侧署封件人名;C.左侧用小字写明函件到达时间,并常有收件人的签名。这显然是收件后的记录。C项不一定都有,B项有时也没有,但A项是肯定有的。

实物检是实物的保密记录,检面记需保密的实物的内容(名称、数量)及封检人等,同样是在封泥槽抹上泥封,盖上印章，以起到封存保密的作用。1996年长沙五一广场走马楼J22井出土了孙吴时期的一枚实物检的检木（图36）。这是官府用来封检、标记物品的，检木上端中部文字为"长沙安成录簿笥"。"安成"是地名，三国时属于孙吴长沙郡。"笥"指盛物用的竹箱，这里是指录簿档案资料放置且封存的笥。这枚检木下的木牍书写的内容显然是笥内档案资料的详细记录。

> 图36 走马楼J22井出土检木

七、多棱的书写木简：觚

觚是多棱柱体，即把一根圆木条或竹（近于地面的部分）削出两个或三个、四个平面，甚至更多平面，将文字写在平面上。这种多棱的多平面柱体就是觚。

觚的材质多为木质，以松木、红柳和杨木为主，多出土于西北汉代烽燧遗址，内容主要是官府往来文书。此外，在南方还发现了罕见的竹觚。南方产竹，故常见用竹制成的觚。因为竹越是往下空心越小，至根部则空心消失，即可用来制觚。出土的竹觚如包山楚墓出土的竹觚，三面刮削（即三个书写平面）。再如江陵凤凰山出土的竹觚，五面刮削。二者都出土于墓葬，为告地文书，即人死后的随葬品，内容为告地下神君的文字。如图37所示。

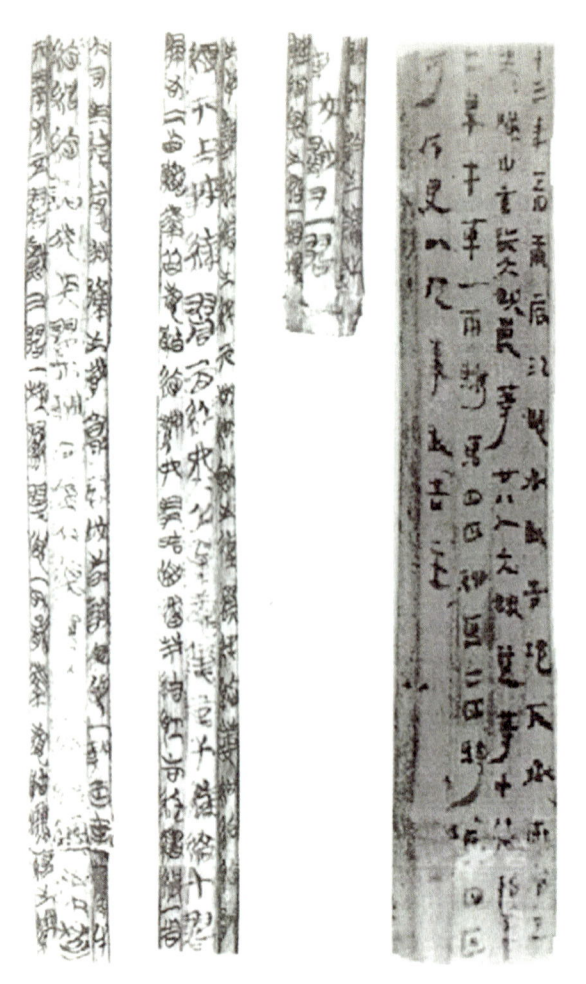

> 图37 左为江陵凤凰山出土的五面竹觚（照片分为了三截）；右为包山楚墓出土的三面竹觚局部

  出土的觚以三面、四面最为常见。觚的棱面多少完全根据制作材料粗细和所写内容而定。觚的形状也依物成形，不拘一格，原木原竹曲则曲之，直则直之。

七、多棱的书写木简：觚

觚的长度没有固定的规定，从出土实物来看，短者一般在20厘米左右，长者有的甚至近1米。如居延新简有一枚觚长达88.2厘米。玉门花海汉代烽燧遗址中出土的七面觚长为37厘米，如图38所示。

> 图38　玉门花海汉代烽燧遗址出土七面觚

觚按用途可分为文书觚和习字觚两类。文书觚分为官府往来文书和个人携带文书两类。官府往来文书包括府檄、警备檄、劾书等,主要用于烽燧间的文书传递。个人携带文书具有个人身份证明的作用。①

在西北出土的简牍中文书觚多具有传递信息、告知的功用,并不是存档文书。因此有学者推测习字觚是对废弃不用文书觚的削制再利用,其内容偏重对文书内容的临摹和练习。如甘肃玉门花海出土的七棱觚,上面为诏书,下面为习字。

习字觚可分为三类:一是初学者在上面练习写字,二是供习字者用的范本(犹如后来的字帖),三是文人起草文章的初稿。汉代,"能书"(善于抄写,擅长书法)是考核提拔官吏的重要标准。汉代非常重视书法教育,上至皇亲贵族,下至官吏、读书人,都把文字书写作为自己的修养,因此学童自小就接受识字和书写教育,使用的教材则是通行的字书《仓颉篇》和《急救篇》。疏勒河流域汉代烽燧遗址就出土了一枚内容为《急救篇》第一章的习字觚。该觚为三棱觚体,横截面呈等腰三角形;长36厘米,前面两面宽约2厘米;后一面稍宽,约2.9厘米;前两面相交棱的顶端削制成三角形斜面。《急救篇》第一章的"第一"两字书写于有意削制的斜面上。这两字下有一贯穿的小孔,显然是用于穿绳以便于悬挂识读。此觚每面容21字,三面共计63字,为《急救篇》第一章的全部内容,显然是供临摹习字的,如图39所示。

---

① 当时个人携带的身份证明文书有"符"和"传"等。

七、多棱的书写木简：觚

041

> 图39 疏勒河流域汉代烽燧遗址出土习字觚，左为前两面，右为后一面

在敦煌马圈湾还出土了一枚觚,是文人起草的文章初稿,如图40所示。

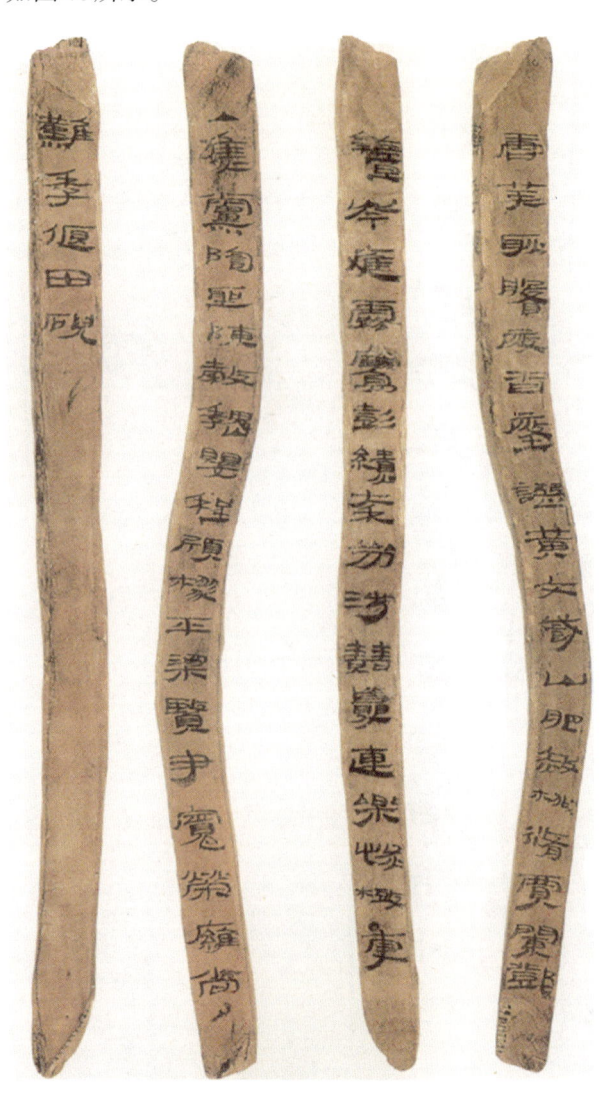

> 图40 马圈湾出土文章初稿觚

七、多棱的书写木简：觚

觚具有以下特点：

1. 具有多个书写平面的特点。觚的书写阅读方向同于中国古代的自上而下、由右及左，即觚相当于将几枚内容连贯的简由平面变为立体。

2. 具有增加容字量的特点。为使简牍多容字，一般采用加宽和加长的办法，如采用编册形式和使用木方，而觚则是采用削棱角的办法，削制出多个书写平面来增加容字量。

3. 具有取材方便、易于刮削、反复使用、经济实用的特点。觚一般由木棍制成，故取材很方便，也易于刮削制作，还可刮削掉原有文字再书写而反复多次使用，颇为经济。

4. 具有便于携带传递的特点。觚是多棱柱体，故便于携带传递。

八、巧妙的标识木牌：楬

楬，是起标识作用的牌子，一般为木制，称"木楬"。其顶部有孔或契口以便穿绳或系绳，从而系挂在所标识的物品或文书档案上。楬有孔洞穿绳（包括单孔穿绳、双孔穿绳两种）和契口系绳两类。有孔的楬从形式上可分为A、B两类。

A类顶部为半圆形，又可分为半圆涂黑形（Ⅰ形）、半圆涂为网状形（Ⅱ形）、半圆不着墨形（Ⅲ形）。图41为出土的顶部为半圆形的楬。

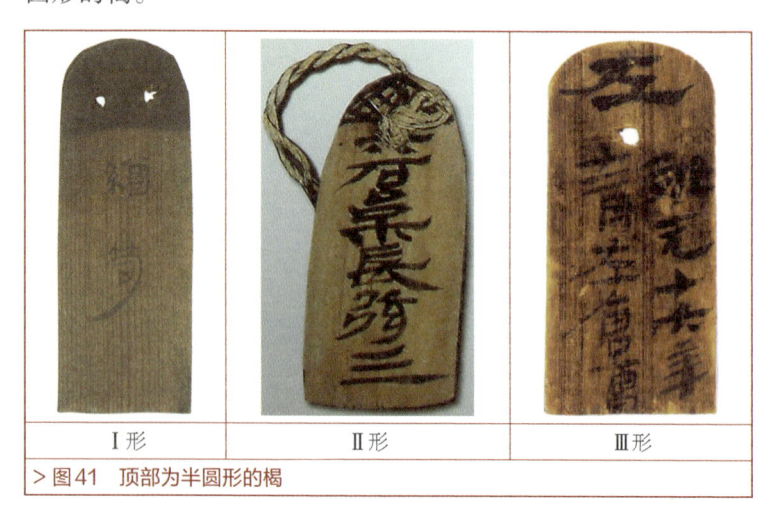

| Ⅰ形 | Ⅱ形 | Ⅲ形 |

> 图41 顶部为半圆形的楬

Ⅰ形、Ⅱ形、Ⅲ形实际上分别是A类的严式、次严式、宽式。

B类顶部为非半圆形，包括多边形（三角形、四边形、五边形等）和平头形，如图42所示。

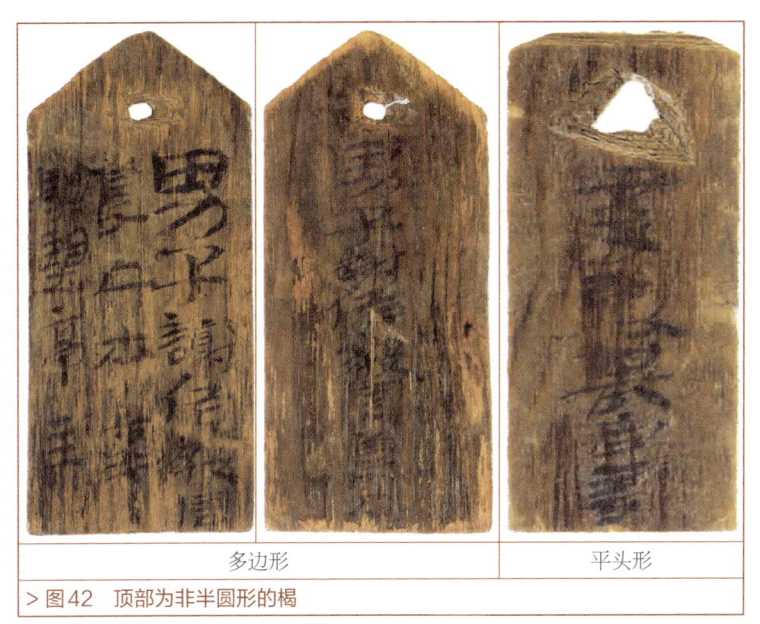

| 多边形 | 平头形 |

> 图42 顶部为非半圆形的楬

B类是A类的简式，而B类的平头形为最简，在顶部未做任何形式的加工。

契口系绳的楬顶部简化为平首斜肩状,既不涂黑也无网格,在靠近上端处修出对称契口以系绳索,如图43所示。

> 图43 契口系绳的楬

八、巧妙的标识木牌：楬

楬有两种用途。一是书写物品的名称、数量,并系于或搁放于该物品上。如湖南长沙马王堆汉墓出土的木楬,上书随葬物品名称和数量,并系于所记物品上,有衣物和食物两类。图44为其中一件的复原图,楬上书"麻布聂币笥"五字。笥是竹箱,笥内显然盛的是麻布聂币(当时的一种货币)。

> 图44 马王堆汉墓出土的系于笥的木楬复原图

二是系于归了类别的文书档案上,上书该类文书档案的类别或名称。如居延新简中的《建武三年候粟君所责寇恩事》册,内容是当时边郡一件民事诉讼案件的原始案卷,详细记述了案件的始末和验问判决过程,简1~35号是案卷正文,36号是一枚楬,上分两行书"建武三年十二月候粟君所责寇恩事"15字,此楬所书显然是该案卷的名称(标题),如图45[①]所示。

> 图45 《建武三年候粟君所责寇恩事》册。上图为展开状,左边一枚简是楬,下图为收卷状,系在卷捆上的是楬

---

① 图45为何双全先生所绘制,特向何先生致谢!

八、巧妙的标识木牌：楬

楬也有双面书写的，或为两面书写文字相同，或为一面用全称而另一面用简称，这显然是为了查阅的方便，即无论看到哪一面都知晓所标识的内容，如图46所示。

> 图46 西北出土的双面书写的汉代楬

九、古今文字演变的再现：简帛的文字

20世纪以来，从地下发掘的简帛如实地再现了战国秦汉六朝时期文字的本来面貌。然而在这些简帛文字没有被发现之前，我们要了解战国秦汉的文字主要靠东汉许慎的《说文解字》，而且就连许慎当时能看到的古文字也是非常有限的，更不要说许慎之后的人了。那么，战国的古文字究竟是什么样子？传说中的"鸟虫书"到底像什么样？汉字演变的顺序是什么？汉字变化是突飞猛进的呢，还是缓慢渐变的呢？如果是渐变，那这个精彩的过程可以生动地回放吗？还有，李斯创造小篆、刘德升创制行书的传说可信吗？要弄清楚这一系列的问题，单靠一本《说文解字》提供的那一点点微乎其微的线索，简直是不可能的事情。现在，我们比古人幸运，因为我们不仅发掘出了大量的西汉简帛，还有很多战国简帛。比如楚国简帛、秦国简帛，里面有各式各样的古文字，空前绝后，简直就是一个琳琅满目的古文字博物馆，为我们了解古文字提供了生动的实物材料。

1. 战国简帛文字是什么样子？

由于简帛埋藏在地下容易腐烂，我们很难看到春秋末期以前的简帛文字，所以我们拿春秋中晚期的石鼓文来作为例子看看大篆文字是什么样子，同时也把它作为汉字演变的参照。

> 图47　石鼓文拓片

图47这个拓片从右起往下，再依次向左读为"吾车既工吾马既同吾车既好"。其中的"吾""既"，字形均匀圆润，结构比较复杂，是大篆字形。同时，我们还注意到，"车""马"的形状跟后来的小篆一模一样。为什么会这样呢？因为春秋中晚期正是小篆形成的时代，所以有些字已经是小篆的写法了。

在战国简帛大量出土之前，人们在说起战国文字时，多数情况下只能看到刻在钟鼎上和石头上的文字，比如石鼓文。现在情况变了,出土了一大批战国时期的简帛,包括:最早的是春秋末年至战国早期的曾侯乙墓竹简、战国中期的河南信阳长台关楚简、战国中晚期的长沙楚帛书和湖北郭店楚简,为我们呈现了一个蔚为壮观的战国文字地下字形宝库。如图48—图53所示。

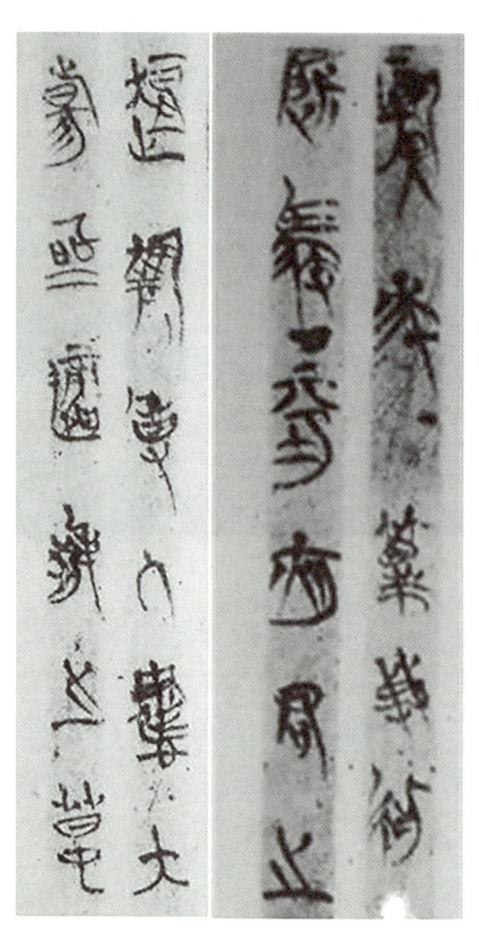

> 图48　曾侯乙墓楚简(战国早期)

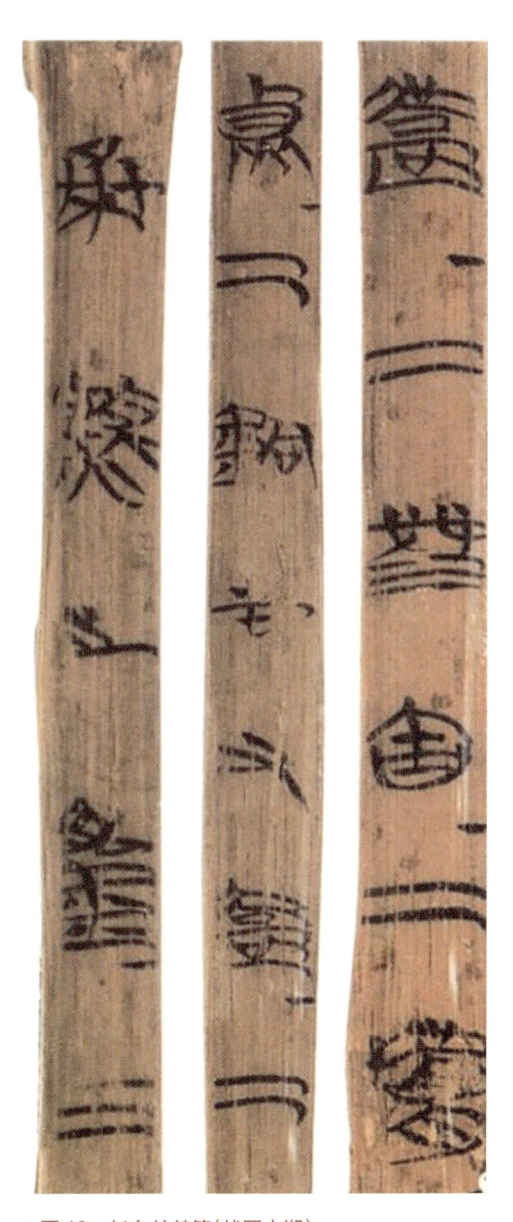

九、古今文字演变的再现：简帛的文字

> 图49　长台关楚简（战国中期）

> 图50　郭店楚简（战国中晚期）

九、古今文字演变的再现：简帛的文字

> 图51　青川秦墓木牍（战国晚期）

> 图52　放马滩秦简（战国晚期）

九、古今文字演变的再现：简帛的文字

057

> 图53　睡虎地秦简（战国晚期）

我们从以上这些简牍上看到了战国早期到战国晚期的楚国、秦国文字。战国时的楚国文字(曾国属楚文化圈),总体上笔画比较纤细,而且弯弯曲曲的,形体比较修长,还有一些美术装饰效果,而秦国的文字已没有什么装饰效果,结构上也要方正些。从图48的楚简中我们还看到了传说中的美术字体"鸟虫书"。而图51的文字还透露出重大信息:木牍上的文字是用小篆书写的,但是夹杂着隶书。这是非常有价值的东西,因为它书写的时间是公元前309年,比秦始皇统一中国早了88年,而人们通常认为秦始皇统一中国后是丞相李斯创制了小篆,统一全国文字,而图51上的文字表明事实显然不是这样的,小篆在秦统一中国之前就已经出现了。事实应该是李斯等人整理规范了秦国已有的小篆,然后推向全国。此外,还纠正了另外一个错误看法,古人认为隶书是在秦始皇统一中国后的小篆的基础上通过省简而来的。而简帛文字揭示的事实表明,在秦统一中国前更早的时候隶书在篆书的基础上就已经产生了。图53中的文字,横向的笔画都左右倾斜,整排文字在书写时出现了统一的左低右高。左低右高后来成为草书、行书和楷书的普遍规律,而这一个重要的法则在战国晚期就显现出来了。

2. 简帛文字字形演变的顺序是什么?

关于汉字字形演变的顺序,过去有很多种说法,其中有一定代表性的说法是:

甲骨文——金文——大篆——小篆——隶书——楷书——草书——行书

九、古今文字演变的再现：简帛的文字

但是，大量的出土简帛证明，这种看法是不正确的。由于简帛文字展示的是殷商金文以后的文字状况，所以我们只说一说从大篆开始的字形变化过程。大篆以后是小篆，[①]而之后的发展过程就复杂了：在小篆向隶书发展的同时，一并产生了行书和草书，然后它们各自沿着自己的方向，相互影响，向前发展。

前文说过，图51的青川秦墓木牍上的文字是用小篆书写的，间杂着隶书，说明隶书在战国中晚期已经产生了。这是隶书产生的情况。再看看图54。

---

① 有学者认为大篆与小篆没有本质区别。

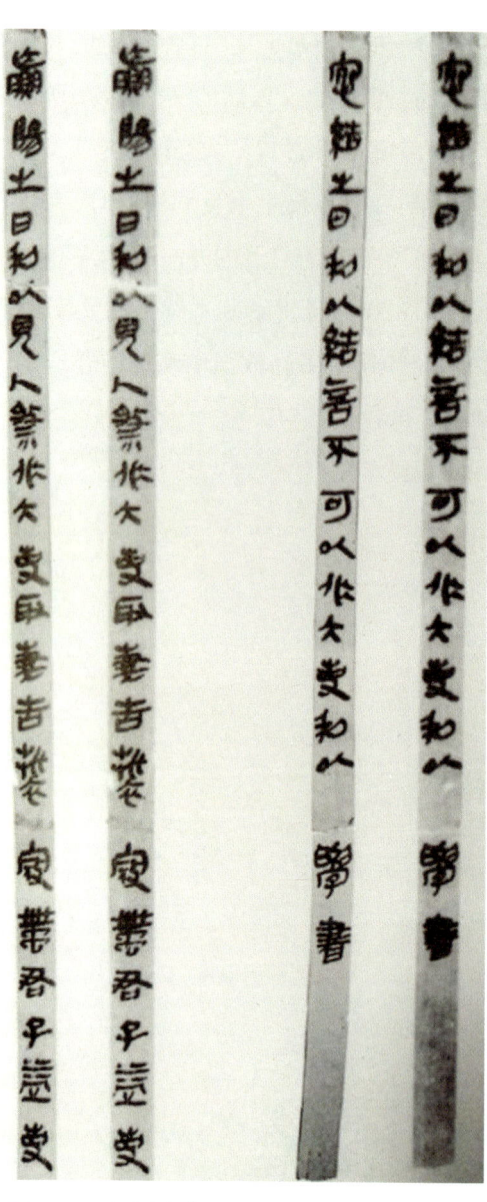

> 图54 睡虎地秦简《日书乙种》局部

九、古今文字演变的再现：简帛的文字

图54是湖北云梦县睡虎地出土的战国末年的秦简《日书乙种》局部，上面的字有一些写得简率流动，那种连笔意识和急速运动的现象，预示着草书的出现，这种草书叫作"隶草"。其中许多字不仅可以视为隶草，而且用笔的顺序与汉代的章草已经相差不远了。这说明草书已经萌芽了。

那么行书呢？请看图55。

> 图55 《居延汉简》37.51，右为木牍照片，左为隶定文字

一般来说，任何一种字形都会因为人想要写得快而产生相对草率的写法，比如草书。实际上隶书也是篆书的草率写法，

而出于同样的理由也会写出行书来。图55是西汉中后期甘露二年(公元前52年)的汉简。从它的文字可以看出,为了加快书写速度,不少字在隶书的基础上写得较快,有了明显的行书味笔法,这种行书可以叫作隶行。

下面看看同为西汉中后期简牍的文字照片。每列右侧为照片,左侧为相应的楷定文字(用相应的繁体)。

5.1 肩水候官元康四年十二月四時雜簿	35.8A 陽朔三年九月癸亥朔壬年甲 移應書一編敢言之	惟歲三月春氣始陽衆鳥皆昌執虫　坊皇
隶书	隶行	隶草
> 图 56 《居延汉简》5.1(元康四年:公元前62年)	> 图 57 《居延汉简》35.8A(阳朔三年:公元前22年)	> 图 58 尹湾汉简《神乌傳》1(公元前32—前7年)

九、古今文字演变的再现：简帛的文字

所谓"隶行"，即带隶书味的行书。所谓"隶草"，即带隶书味的草书。由上可知，同为西汉中后期的文字，就同时有隶书、隶行、隶草，这充分说明隶书、行书、草书的产生是同时的。更有趣的材料是尹湾汉简《神乌传》，该篇作品的正文是用隶草字体书写的，而标题"神乌傳"三字是用标准的隶书字体写的，请看《神乌传》的最末两枚简的上半部分（图59）①。

神乌傳	勒薪爲之余行。乌獸且相慢，何兄人乎？	照片
	楷定文字 （用相应的繁体，并加标点）	

> 图59　尹湾汉简《神乌傳》最末两枚简上半部分

---

① 古书的标题大都在正文之后，故图中的标题"神乌傳"书于正文末。

"勒薪爲之余行。烏獸且相慲,何兄人乎?"改为简体则为"勒薪为之余行。乌兽且相忧,何况人乎?"勒薪,同"骐骥",即骏马。余,同"徐",缓慢、迟缓之义。慲,同"忧",忧愁、忧虑之义。兄,同"况",何况之义。此两句意为:骐骥只能慢慢行走。乌兽尚且有这种忧虑,更何况是人呢?

《神乌傅》是一篇赋,简文的"傅"就是"赋"的意思。该篇赋讲的是以鸟喻人的故事。[①]正文是用隶草字体写的,共18枚简;而标题"神乌傅"三字是用标准的隶书字体写的,1枚简。古书的标题大都在正文之后,这与今天标题在正文前是不相同的。《神乌傅》出于一人之手书写,其正文用隶草字体写,标题用隶书字体写,由此更可以证明隶书、隶行、隶草是同时产生的,不存在孰先孰后的问题。所以,字体演变的传统说法是靠不住的。

字体演变的客观情况应该是,篆书产生后,当文字向隶书演变,文字由原来篆书的圆转的笔画变为方直的笔画而便于书写时,便同时逐渐演变产生出了隶行、隶草,隶书、隶行、隶草三条线一并向前发展演变,最终各自成为楷书、行书、草书,即汉字形体演变的途径如下:

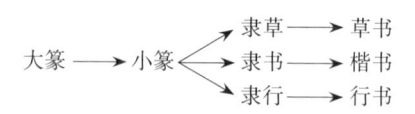

$$大篆 \longrightarrow 小篆 \begin{cases} 隶草 \longrightarrow 草书 \\ 隶书 \longrightarrow 楷书 \\ 隶行 \longrightarrow 行书 \end{cases}$$

现在我们只需再看看继后草书、楷书的汉代简帛文字便可知晓。

[①] 关于《神乌傅》的内容,下文"十、地下图书馆的开启:简帛的内容(上)"之"3.文学书"有述,请详见。

九、古今文字演变的再现：简帛的文字

图60展现的是汉光武帝建武三年（27年）的作品。由第一枚简上书写的"建武三年"可知，这已是比较典型的草书作品了，虽然还略带点儿隶书味，但已比尹湾汉简《神乌傅》的草书又发展演变了一大步。

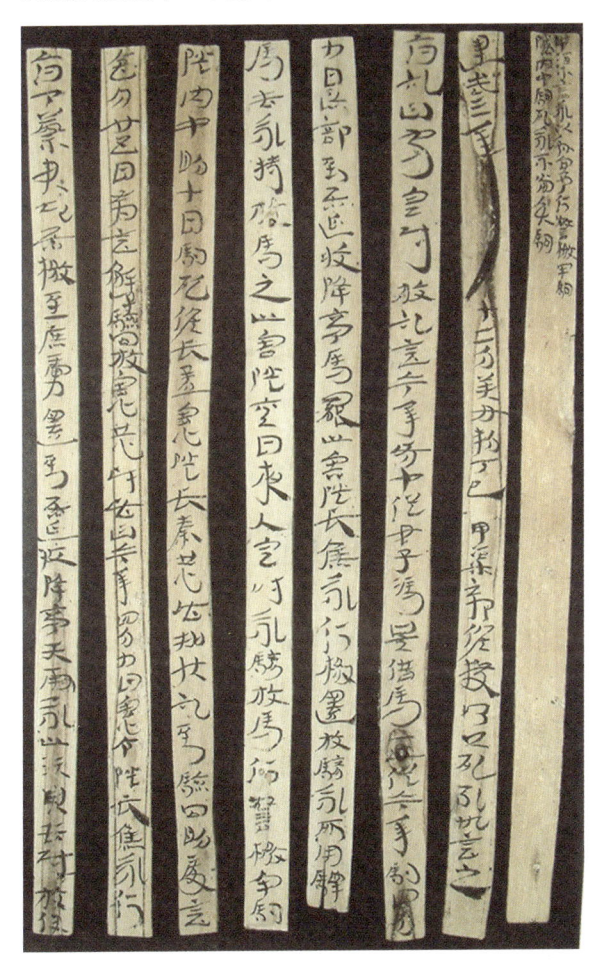

> 图60 《居延新简》EPF22：187—193

图61是在甘肃甘谷县出土的东汉末年的汉简,上面的文字虽然还是隶书,但已有比较明显的楷书味了。

> 图61 甘谷汉简(东汉晚期)

九、古今文字演变的再现:简帛的文字

图62、图63分别是湖北鄂城出土的三国时期的吴墓中的《史绰名刺》摹本和在马鞍山出土的三国时期的吴墓中的《朱然名刺》照片(书写于222年—237年):

> 图62　三国吴简《史绰名刺》摹本

> 图63 马鞍山吴墓出土的《朱然名刺》

图64是三国吴简的一枚木牍。

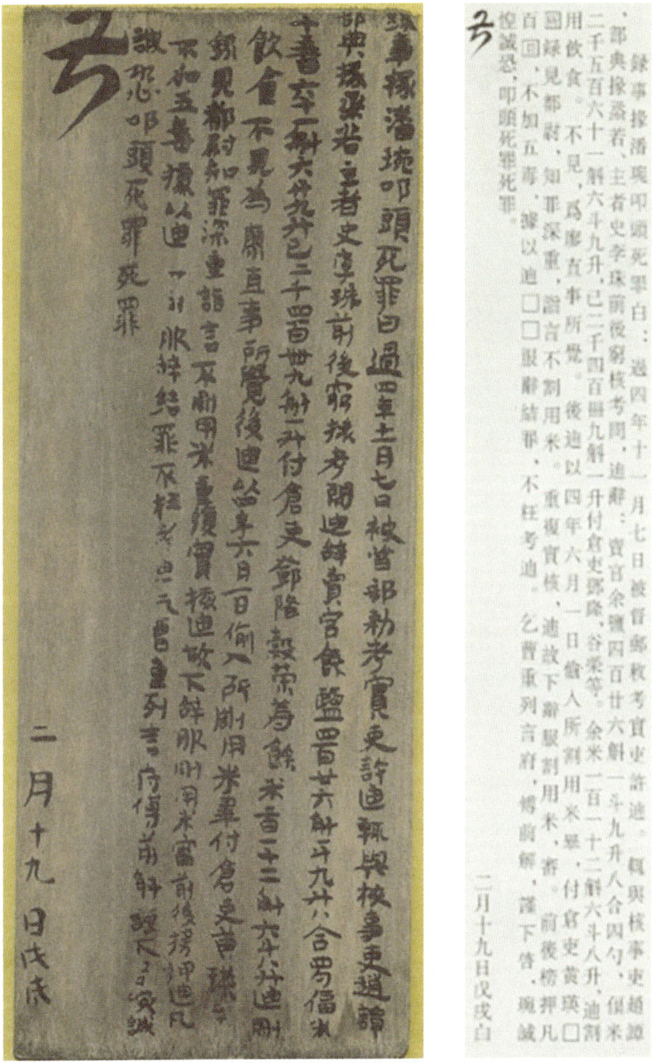
録事掾潘琬叩頭死罪白：過四年十一月七日被督郵敕考實吏許迪。輒與核事吏趙譚
、部典掾烝若、主者史李珠前後窮核考問，迪辭：賣官余鹽四百廿六斛一斗九升八合四勺，得米
二千五百六十一斛六斗九升，已二千四百卌九斛一升付倉吏鄧隆、谷榮等。余米一百一十二斛六斗八升，迪割
用飲食。不見，爲廖直事所覺。後迪以四年六月一日偷人所割用米畢，付倉吏黃瑛□
囚録見都尉，知罪深重，詣言不割用米。重復實核，迪故下辭服割用米，審。前後榜押凡
百□，不加五毒，據以迪□□服辭結罪，不枉考迪。乞曹重列言府，傅前解，謹下啓，琬
惶誠恐，叩頭死罪死罪。
二月十九日戊戌白

> 图64 三国吴简官文书摹本及楷定文字

图62、图63的文字写得比较规范,图64写得比较草率,但都可以看得出来,其隶书味已经相当少,可以说是"准楷书"了。

从出土文献特别是简帛文献文字可知,三国时的规范写法已是准楷书了,特别是马鞍山吴墓《朱然名刺》的文字,更接近后世的楷书了。所以,到了晋朝时期,楷书、行书、草书就均已完全成熟了。

十、地下图书馆的开启:简帛的内容(上)

一个世纪以来,发现了大量的简帛文献,其数量已远远超过了人们的想象。据不完全统计,百年来发现的简帛已达30万枚/件(简牍称"枚",帛书称"件"),总字数近一千万,这一数量是相当惊人的。并且,近些年来不断有新的发现,还往往都是重大发现。例如,1996年从湖南长沙走马楼街三国吴井中发现的三国吴纪年简牍,就达10万来枚,字数逾300万字,其篇幅相当于200部《论语》,或近100部《孟子》:

吴简300万字÷《论语》15883字≈200部

吴简300万字÷《孟子》35402字≈100部

近二三十年来,上万枚的重大发现就有很多,例如:

1990至1992年发现于甘肃敦煌悬泉置遗址的悬泉汉简,有3.5万余枚。

2002年发现于湖南湘西土家族苗族自治州龙山县里耶镇里耶古城1号井的里耶秦简,有3.6万多枚。

2010年发现于湖南长沙五一广场站的长沙五一广场东汉简牍,有1万来枚。

这种不断有简帛被发现的局面，预示着简帛将不光进一步与传世的先秦汉魏文献相媲美，而且还有在数量上与之并驾齐驱甚至超过之势。

简帛的发现带我们进入了一个神奇的图书世界，为我们开启了一个神秘的美不胜收的地下图书馆。而这些写在竹片、木片或者丝绸上的文献，大都写于战国到魏晋南北朝时期，内容涉及当时社会的政治、经济、军事、文化等各个方面。这些简帛古文献大都是失传很久的古文献，在传世文献中已经找不到了，少部分与现在流传的古书能对应，但内容也不太一致。因此，这些古文献的出土对我们了解当时的社会发展情况以及古籍的流传、变化等问题都有重大的价值，同时也再次向人们展示了博大精深的中华文化。

这些出土的简帛古文献可以分为"书籍"和"文书"两大类。下面我们先介绍书籍。

简帛书籍可以分为以下几类：哲学书、历史书、文学书、医学书、天文书、军事书、法律书、数学书、预测书。下面我们将逐一介绍这七类简帛古书。

1. 哲学书

提起中国古代的哲学类书籍，大多数人会想起《周易》《老子》等书，因为这些书中蕴含了中国最初的、最朴素的哲学思想。20世纪70年代以来，出土了大量珍贵的哲学方面的简帛古书，其中有一大批关于《周易》《老子》的材料。

十、地下图书馆的开启：简帛的内容(上)

下面我们先说《周易》。

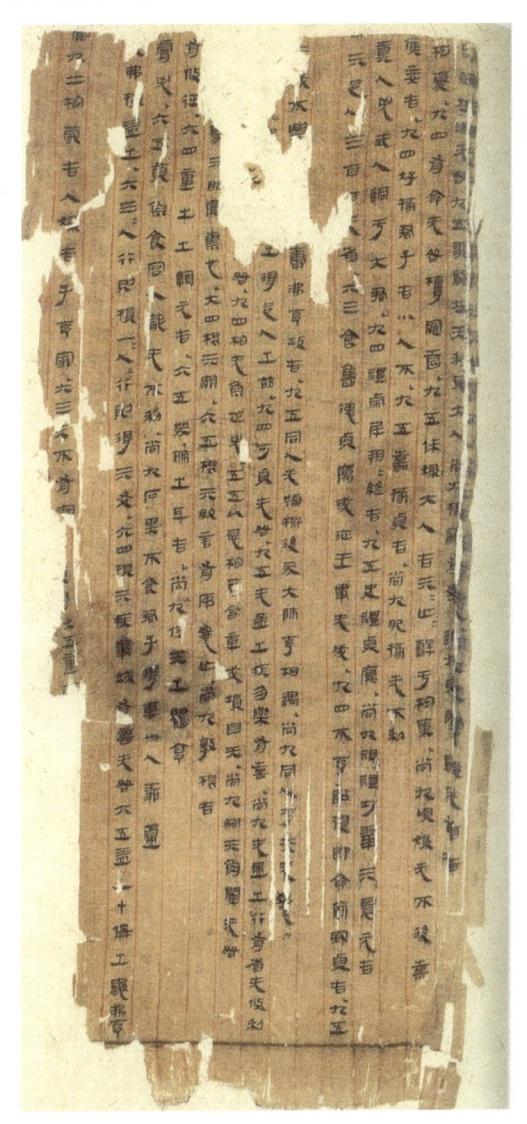

> 图65　马王堆汉墓出土帛书《周易》局部

出土简帛《周易》，其内容有不少在传世的《周易》中没有。例如，1973年，湖南长沙马王堆汉墓出土的帛书中有关《周易》的文献有很大一部分内容在传世《周易》中并无记载，即使可以和现存传本对应的部分也和现存传本有很大的不同。

出土的《周易》文本不少，再如：

1977年安徽阜阳双古堆1号汉墓出土的有关《周易》的材料。

1993年湖北王家台秦简中的《归藏》涉及的古代人物有黄帝、炎帝、穆天子、共王、武王，还有武王伐殷、羿射日等。

2003年公布的《上海博物馆藏战国楚竹书》中有关《周易》的材料已经在地下埋了两千多年，是目前发现的最早的也是最完整的《周易》本子。这本《周易》写在58枚竹简上，共1806字，还有25张卦画，而且竹简也很平齐。这些竹简长44厘米，宽0.6厘米，厚0.12厘米左右。每枚简写44个字左右。

下面再说说出土的简帛《老子》。

出土的简帛《老子》与现在流行的版本也有很大的不同，到目前为止出土的《老子》版本有：

1973年在湖南长沙马王堆汉墓中出土的写在帛书上的《老子》有两个版本，整理者将其分别命名为《老子甲本》和《老子乙本》。

1993年在湖北荆门郭店出土的楚简中有三个不同的《老子》版本，整理者将其分别命名为《老子甲本》《老子乙本》和《老子丙本》。

2009年北京大学从香港入藏的汉简《老子》。

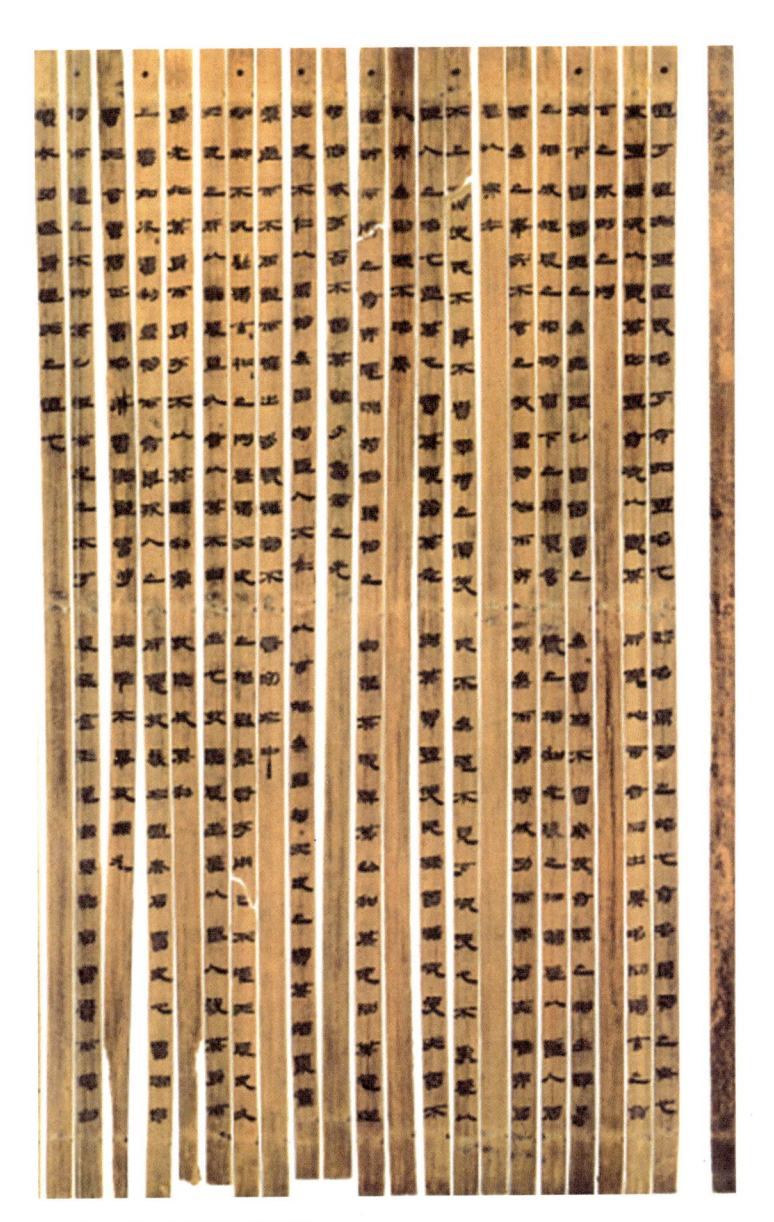

十、地下图书馆的开启：简帛的内容（上）

> 图66　北大汉简《老子》局部

郭店楚简中的三个《老子》版本，是到目前为止看到的最早的《老子》，其中的内容和传世《老子》中的内容相近或者相同，由于墓葬多次被盗，现存的简本只有2046个字，是传世《老子》版本的五分之二。更重要的是其中的《太一生水》在今本的道家著作中没有。这些出土的资料对研究道家思想及中国古代的哲学思想有着极其宝贵和不可替代的价值。

> 图67 马王堆汉墓出土帛书《老子乙本》局部

马王堆汉墓出土帛书《老子甲本》《老子乙本》弥足珍贵,可惜残损较多。郭店楚简的三个版本是战国时代的本子,但是合起来的全文只有今本的五分之二。北大汉简《老子》是目前所见最完整、最接近传世《老子》的版本。这些不同的《老子》版本是研究老子的哲学思想以及《老子》版本的演变之基础。简帛《老子》不同于今世本,除了不少文字不同外,其是《德经》在前《道经》在后,不同于今传世本是《道经》在前《德经》在后(故称《道德经》),并且在分章上也与今传世本有些不同。

总之,出土的简帛哲学古书对我国哲学史的研究具有极大的意义,不少原来的认识甚至是定论也因为这些简帛书籍的出土得到修正。

2. 历史书

出土简帛书籍中历史书也有很多。下面我们仅介绍"《尚书》类史书"和"故事类史书"两类。

(1)《尚书》类史书

《尚书》是我国最古老的历史文献,相传为孔子编订,将从上古时期尧舜一直到春秋秦穆公时期的各种重要史料汇集在一起,挑选出100篇形成《尚书》,可谓历代统治者的"政治课本"。秦始皇统一中国后,颁布《挟书令》,禁止民间藏书,凡民间收藏的《诗》《书》及诸子百家著作都要集中焚烧。焚书给《尚书》的流传带来毁灭性打击,原有的《尚书》抄本几乎全部被毁,今天流传下来的《尚书》分为"今文《尚书》"和"古文《尚书》"两部分,后者经研究属于伪书,是汉以后的人伪造的,前者是靠汉代人口授而传下来的。

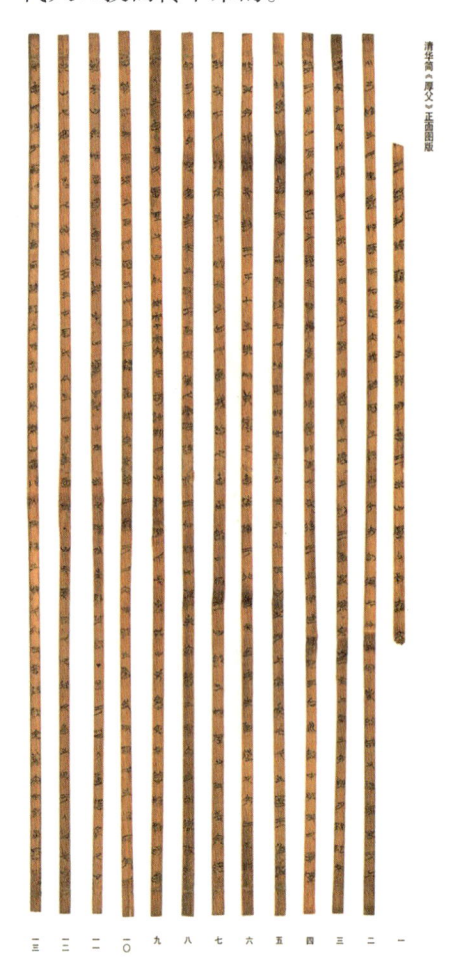

> 图68　清华简《厚父》局部

目前发现的与《尚书》有关的简牍书籍主要在清华大学收藏的战国竹简中，其中保存了失传很久的《尚书》中的篇目和文体相近的篇目共20多篇。这些篇章有的与现存今文《尚书》可对照，比如《厚父》《封许之命》等;有的没有,如《尹至》《保训》等。这些篇章对于研究《尚书》的成书和流传很有帮助,它们都是秦始皇焚书坑儒以前的写本,其巨大的研究价值不言而喻。

(2)故事类的史书

故事类史书是以讲述故事为主的史书,这类史书在出土简帛中也不少。例如:

长沙马王堆汉墓出土的帛书《春秋事语》,此书写在长74厘米、宽24厘米的半幅绢帛上,现存97行,全书共有16章,每章所记故事,既记事实,也记言论,属于《左传》类史书。

> 图69　马王堆汉墓出土帛书《春秋事语》局部

长沙马王堆汉墓出土的帛书《战国纵横家书》,此书写在长192厘米、宽24厘米的半幅绢帛上,共325行,约11000字,首尾完整,卷末还有余卷。全书27篇,共分为三部分。第一部分是苏秦给燕昭王和齐湣王的信;第二部分是对战国游说故事的记录;第三部分是战国纵横家游说言论的文本。此书的性质属于《战国策》类史书。

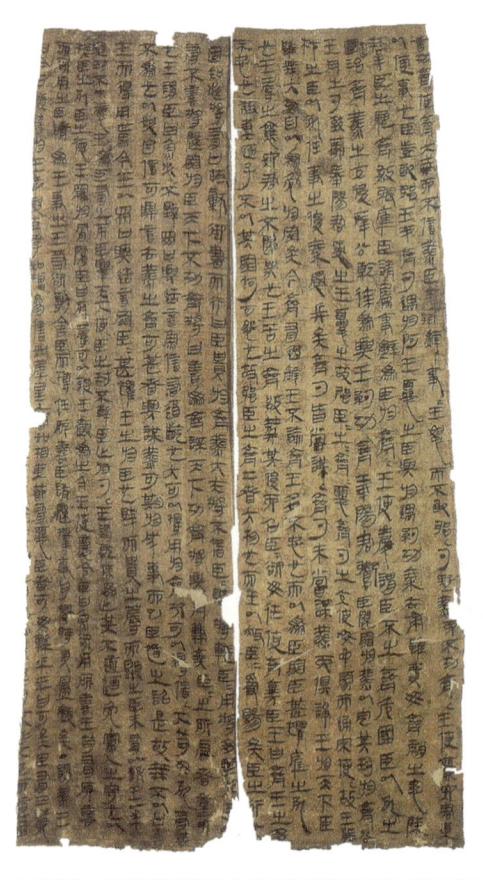

> 图70 马王堆汉墓出土帛书《战国纵横家书》局部

上海博物馆藏战国楚竹书《容成氏》，全篇53枚简，简长44.5厘米。容成氏是我国三皇五帝时期的一个部落，此书记述了21位上古帝王如"颛顼""帝喾""夏禹"等的传说，全文叙述到武王伐商为止。

> 图71　上海博物馆藏战国楚竹书《容成氏》局部

简帛历史书在很大程度上弥补了传世的早期历史书之不足，为中国上古史的研究提供了极其宝贵的文献资料。

3. 文学书

出土简帛中文学书的数量没有哲学书、历史书多，但总量也不少，下面介绍几种。

北京大学入藏的汉简《妄稽》，属于赋一类作品，讲述了西汉时代一个家庭中，男主人周春和他的妻子安稽以及小妾虞士之间的故事。一个出身名门的年轻人周春，品行和相貌都很出众，人见人爱，却娶了一个又丑又恶的妻子妄稽。周春很讨厌妄稽，向父母请求买妾。虽然妄稽极力反对，但父母和周春还是买了一位美妾，名叫虞士。周春很爱这个美妾，而妄稽却十分痛恶和嫉妒她。虞士想躲避妄稽，反而遭受了妄稽的辱骂和折磨。最终妄稽生了大病，临死前忏悔了自己的行为。内容非常贴近生活，反映了西汉家庭中复杂的夫妻关系、婆媳关系、道德伦理关系。

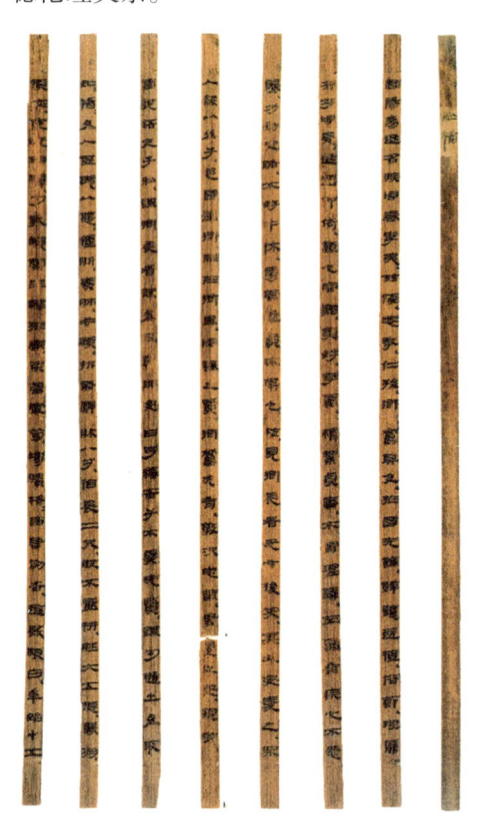

> 图72　北京大学入藏汉简《妄稽》局部

十、地下图书馆的开启：简帛的内容（上）

1993年在江苏出土的《神乌傳》，也属于赋类文学作品。《神乌傳》是一篇完整的赋，采用拟人手法，生动地讲述了一个雀鸟护巢的故事。有一对恩爱夫妻鸟——乌鸦，雌鸟美丽而贤惠，远近闻名，被尊称为"神女鸟"（神乌）。阳春三月，夫妻为筑新巢而不辞辛劳。然而，有一只凶狠的盗鸟不劳而获，来偷窃其筑巢材料，雌鸟怒而与盗鸟相斗，身受重伤而亡。临死前夫妻对话，讲了很多富有哲理的话。雌鸟还对雄鸟说，一定要再续弦，娶个好妻子过下半辈子，同时要把两个孩子养大成人。最后雄鸟高翔而去。故事以鸟喻人，颂扬正气，痛斥邪恶，深刻地阐述了应该怎样做一个好人的人生哲理。这是典型的传奇故事类作品。人们通常认为传奇作品在唐代才产生，故有"唐宋传奇"之说，现在简帛的发现，将传奇作品的产生时代大大提前了。

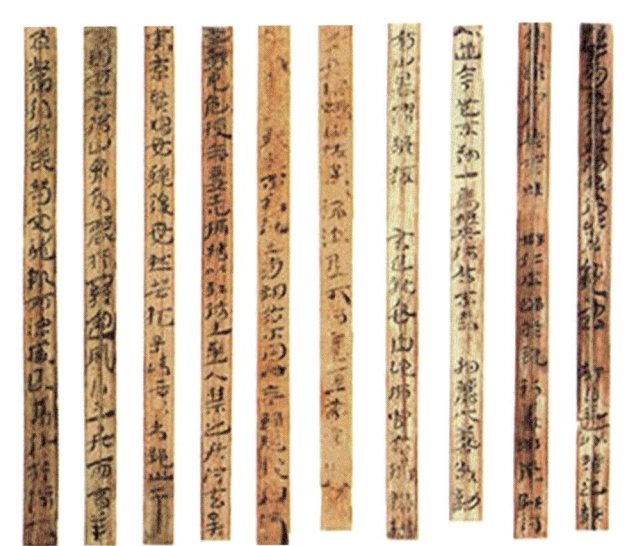

> 图73　尹湾汉简《神乌傳》局部

1986年在甘肃天水放马滩1号秦墓出土的竹简《丹记》,讲述了这样一个故事。一名叫丹的人,是犀武手下的舍人,因为在韩国垣雍城间里将人刺伤,随即自杀,之后被弃市,三日后被葬于垣雍南门外。他的主人犀武审议他的命分,认为丹的罪不应死,便向阴间管命的司命史公孙强祷告并得到应允。公孙强就叫白狗把丹从地下掏掘出来,在墓上停了三天。然后,丹随司命史公孙强北出经过赵国,到了北地郡的柏丘,满四年以后,就能听得见鸡鸣,吃活人的饭食,于是就这样逐渐复活了。

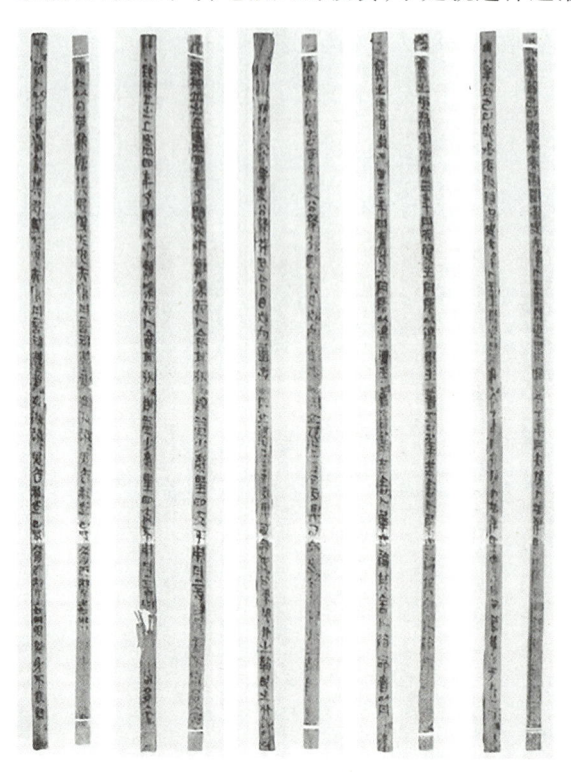

> 图74　放马滩1号秦墓出土《丹记》局部

过去一直认为中国的志怪小说产生于六朝,其代表作品为《博物志》《搜神记》,故称"六朝志怪"。在简帛未问世以前,也没有人去怀疑,现在《丹记》的发现,使我们不得不重新审视志怪小说的产生时代问题。

4. 医学书

中国是一个文明古国,中医、中药文化更是源远流长。我们的地下图书馆所藏的古典医学书更是琳琅满目,而且早于我们所熟悉的《黄帝内经》《神农本草经》等。以下仅举两例。

1972年,在甘肃武威东汉墓葬中清理出医药简牍92枚,其中各种药方30多个,涉及内科、外科、骨伤科、五官科、针灸科等。该医药简是我国年代较早、保存形式最完整、内容最丰富的临床验方著录。它反映了我国早期医学水平和中医临床治疗的真实情况。同时,它反映了汉代的医学水平,说明汉代的临床医疗已经具备了较完备的科学体系。

例如,书中有一个医方叫"治金创止恿令创中温方",内容如下:

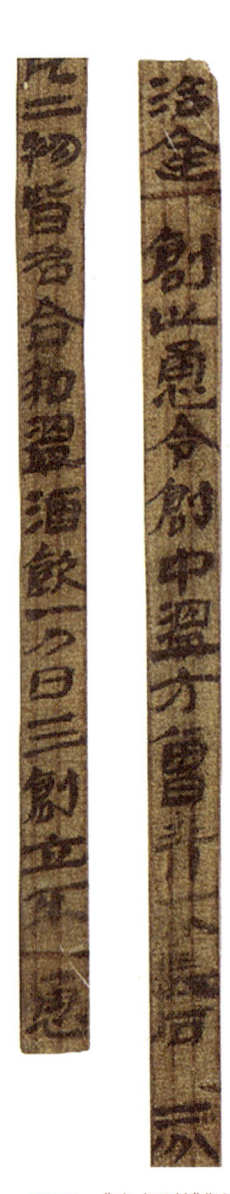

> 图75 《武威医简》"治金创止恿令创中温方"

治金创(疮)止恿(痛)令创中温方:①曾青②一分,长石③二分,凡二物,皆冶,合和,温酒饮一刀【圭】④,日三,创立不恿(痛)。

本方大意如下:

治疗金属利器对人体所造成的创伤之方:曾青一份,长石两份,一共凡两味药,皆粉碎,混合在一起,用温酒饮下一刀圭的药量,一日饮三次,创伤立即就不会疼痛了。

1973年,在湖南长沙马王堆三号西汉古墓出土了大量文献,其中有十多种医书,包括医学理论书、方药书、养生书、房中书等。这些医书中的《导引图》是现存最早的保健运动的工笔彩色帛画,出土时残缺严重,经过拼复共有44幅小型全身导引图,从上到下分四层排列,上下四层绘有44个各种人物的导引图式,每层各绘11幅图。每图式为一人像,男、女、老、幼均有,或着衣,或裸背,均为工笔彩绘。其术式除个别人像做器械运动外,多为徒手操练。图旁注有术式名,部分文字可辨。其中包括:呼吸运动、器械运动、肢体运动。目的是通过导引来治病强身。通过研究可知,所谓导引,就是导气引体,是古医家、道家的养生术,实际上就是呼吸和躯体运动相结合的体育疗法。

---

① 创,就是"创伤";恿,同"痛"。
② 曾青:矿物药物名。
③ 长石:矿物药物名。
④ 一刀圭:古代量取药末的器具。【圭】,表示原抄写者漏抄"圭"而补上。

> 图76　马王堆汉墓出土帛书《导引图》复原图

5.天文书

天文学是研究天体、宇宙的结构和发展的科学,包括天体的构造、性质和运行的规律等。简帛文献中有不少有关天文的文献,其中历谱文献较多。

历谱是经天文计算编排得出的年、月、日表,我们通常所说的历书是指在历谱的基础上,为每一天添加注释,注明节日、纪念日或者祸福凶吉时日等,成为民间实用历书,如我们熟悉的"老黄历"。简帛中有很多完整的历谱文献,例如:

周家台秦墓的《秦二世元年历谱》,是公元前209年的历谱。

张家山汉简历谱,是汉高祖五年(公元前202年)四月到吕后二年(公元前186年)后九月的历谱。

银雀山汉简《元光元年历谱》,是西汉元光元年(公元前134年)的历谱。

十、地下图书馆的开启：简帛的内容(上)

尹湾汉简《元延元年历谱》，是西汉晚期元延元年(公元前12年)的历谱。

尹湾汉简《元延三年五月历谱》，是元延三年(公元前10年)的历谱。

以下是《秦二世元年历谱》，先读第一栏，再读第二栏，每栏均从右往左读：

释文	照片
十月乙亥小 十一月甲辰大 十二月甲戌小 端月癸卯大 二月癸酉小 三月壬寅大 四月壬申小 五月辛丑大 六月辛未小 七月庚子大 八月庚午小 九月己亥大	

> 图77 《秦二世元年历谱》

古代的天文书,往往包含占卜的内容。例如:

1973年湖南长沙马王堆三号西汉古墓出土的《天文气象杂占》,是一件朱墨彩绘的帛书,图文并排,长150厘米,宽48厘米,内容涉及云、气、彗、星四个方面,其中有很多占卜、解释的内容。

> 图78 马王堆汉墓出土帛书《天文气象杂占》

总的来说,这些天文学材料的出土,为我们研究古代的历法和民俗提供了崭新的材料。

6. 军事书

在出土的简帛书籍中有很多军事著作,而且大都是早已亡佚的军事著作,大大弥补了现有古军事书籍的不足。下面介绍银雀山汉简中的两种。

1972年,在山东临沂银雀山汉墓出土的简牍中就包括多种先秦著作,但主要是军事文献。其中具有传世本可资对照的书籍是《孙子兵法》《晏子》《六韬》《尉缭子》;没有传世本可资对照的佚书是《孙膑兵法》《守法守令等十三篇》《元光元年历谱》;论政论兵书共五十篇,阴阳时令占候类十二篇;还有算书、相狗方、作酱法、定心固气类十三篇;等等。在银雀山汉墓出土的这些古书中,《孙子兵法》《六韬》《尉缭子》《孙膑兵法》《守法守令等十三篇》都属于兵书。如上所述,以上《孙子兵法》属于有传世本可资对照的兵书,《孙膑兵法》属于没有传世本可资对照的早已佚亡的兵书。

银雀山汉墓竹简《孙子兵法》,虽然属于有传世本可资对照的兵书,但其与今传世本《孙子兵法》还是有不少区别。简本分上下两编,上编是《孙子》十三篇残简,下编是《孙子》佚文四篇以及记孙子见吴王以兵法试诸妇人的残文一篇。图79是该书开篇部分的摹本和相应的楷定文字。

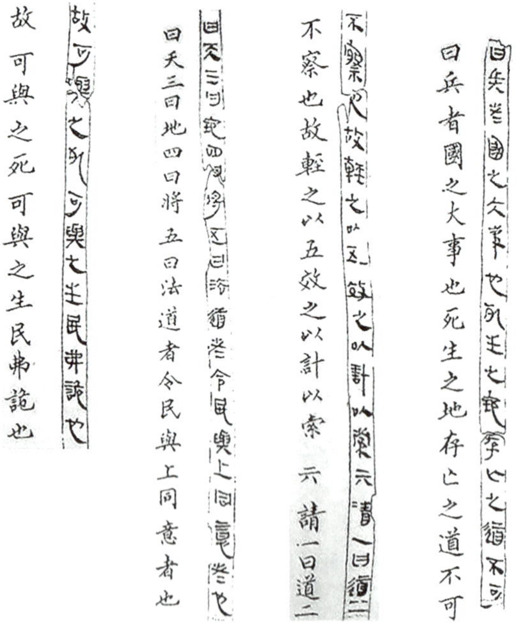

> 图79　银雀山汉墓出土《孙子兵法》开篇部分摹本及楷定文字

用现代简化字并标点如下：

【孙子】曰："兵者，国之大事也。死生之地，存亡之道，不可不察也。故轻（经）之以五，效（校）之以计，以索其请（情）。一曰道，二曰天，三曰地，四曰将，五曰法。道者，令民与上同意者也，故可与之死，可与之生，民弗诡也。"①

银雀山汉墓竹简《孙膑兵法》属于没有传世本可资对照的早已佚亡的兵书，此书的发现，证明先秦确有孙膑其人和其书。

---

① "【　】"表示补出原简断掉的文字；"（　）"表示对前一字的解释。全书同。

十、地下图书馆的开启：简帛的内容(上)

《史记·太史公自序》有"孙子膑脚而论兵法"的记载，《汉书·艺文志》著有"《齐孙子》八十九篇，图四卷"，后来的《隋书·经籍志》便不见著录，于是，便有人怀疑《孙膑兵法》一书，甚至怀疑孙膑其人的存在。银雀山汉简的出土，使得失传近两千年的《孙膑兵法》得以问世，拨开了这些认识上的迷雾。图80是《孙膑兵法》开始第一篇《擒庞涓》第一枚简的摹本和相应的楷定文字。图右是简的背面的上半部分，上端书写的是标题"禽庞涓"；中与左分别是简正面的上半部分和下半部分。

> 图80　银雀山汉墓出土《孙膑兵法》第一枚简摹本及楷定文字

用现代简化字并标点如下：

禽（擒）庞涓

昔者，梁（梁）君将攻邯郸，使将军庞涓带甲八万至于茬丘。齐君闻之，使将军忌子带甲八万。

7. 法律书

秦的法制在中外法制史上都很有名，秦依靠一系列的法制手段，富国强兵，最后统一了中国。汉承秦制，继承了秦朝的法制，但是由于秦代法律文献和汉代法律文献流传下来的甚少，对秦汉法制的具体情况我们几乎是一无所知。现在，出土的简帛法律文献为我们打开了了解当时法制情况的大门。

1975年在湖北孝感地区云梦县睡虎地11号秦墓中发掘出了一大批竹简，这就是著名的睡虎地秦墓竹简（常简称为"睡虎地秦简"）。这批竹简有很多秦的法律文献，主要有：

《语书》，是秦王政（始皇）二十年（公元前227年）四月初二南郡的郡守腾颁发给本郡各县、道的一篇训诫文告。语，即训诫，故名。

《秦律十八种》，包括以下十八种律文：《田律》《厩苑律》《仓律》《金布律》《关市》《工律》《工人程》《均工》《徭律》《司空》《军爵律》《置吏律》《效》《传食律》《行书》《内史杂》《尉杂》《属邦》。实际上，这十八种的每一种都不是该律的全文，是抄写人按照自己的需要对十八种秦律的摘录。

《效律》详细规定了核验县和都官物资账目的一系列制度，对于在军事上有重要意义的物品，如兵器、铠甲和皮革等，规定尤为详尽，特别是对于度量衡器，律文明确规定了误差的限度。

　　《秦律杂抄》，是根据应用需要从秦律中摘录的律文，摘录的范围相当广泛，其中可见的律名有《除吏律》《游士律》《除弟子律》《中劳律》《藏律》《公车司马猎律》《牛羊课》《傅律》《敦表律》《捕盗律》《戍律》等。

　　《法律答问》，采用问答形式，对秦律某些条文、术语以及律文的意图做出明确的解释。从内容范围来看，所解释的是秦律的主体部分，即刑法。

　　《封诊式》是关于审判原则，以及对案件进行调查、勘验、审讯、查封等方面的规定和案例，目的是供有关官吏学习，并在处理案件时参照执行。

　　《为史之道》，内容多为对为官的要求，可能是做官的人使用的课本。

　　图81是《秦律十八种》的《田律》的部分内容。

> 图81 睡虎地秦墓出土《秦律十八种》的《田律》部分内容

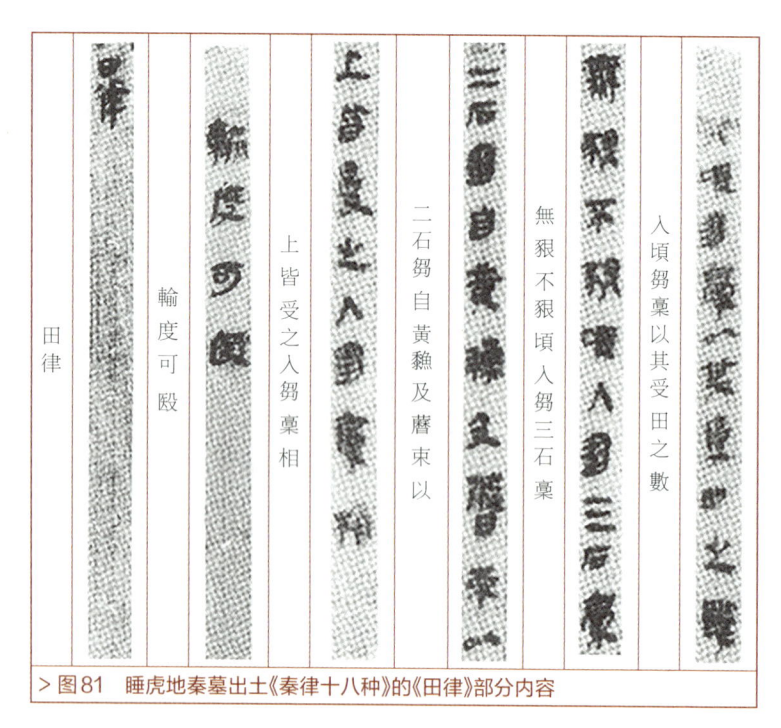

用现代简化字并标点如下：

入顷刍稿,以其受田之数,无垦(垦)不垦(垦),顷入刍三石、稿二石。刍自黄秼及蓐束以上皆受之。入刍稿,相输度,可殹(也)。　田律

下面再将这段律文翻译成现代汉语：

每顷田地应缴的刍稿,按照所受田地的数量缴纳,不论垦种与否,每顷缴刍三石、稿二石。干叶和乱草够一束以上均收。缴纳时,刍稿可以运来称量。　田律

十、地下图书馆的开启:简帛的内容(上)

20世纪80年代在湖北江陵张家山第247号西汉墓发掘的简牍中,也有大量的法律文献,其中有一种叫《奏谳书》,是对秦代犯罪案例的汇编,包括春秋到西汉时期的22个案例,大体上是年代越早的越排在后面,从明确纪年的案例来推算,纪年最早者为秦始皇即位之初,最晚者为汉高祖十一年(公元前196年)。其中的一段简原文如下:

十一年八月甲申朔丙戌,江陵丞骜敢谳(谳)之。三月己巳大夫禒辞曰:六年二月中买婢媚士五(伍)点所,贾(价)钱万六千,乃三月丁巳亡,求得媚,媚曰:不当为婢。媚曰:故点婢,楚时去亡,降为汉,不书名数,点得媚,占数复婢媚,卖禒所,自当不当复受婢,即去亡,它如禒。点曰:媚故点婢,楚时亡,六年二月中得媚,媚未有名数,即占数,卖禒所,它如禒、媚。诘媚:媚故点婢,虽楚时去亡,降为汉,不书名数,点得,占数媚,媚复为婢,卖媚当也。去亡,何解?媚曰:楚时亡,点乃以为汉,复婢,卖媚,自当不当复为婢,即去亡,毋它解。问媚:年卅岁,它如辞。鞫之:媚故点婢,楚时亡,降为汉,不书名数,点得,占数,复婢,卖禒所,媚去亡,年卅岁,得皆审。疑媚罪?它县论,敢谳(谳)之,谒报,署史髻发。吏当:黥媚颜颡,畀禒,或曰当为庶人。

下面把这段律文翻译成现代汉语,并酌情分段:

[汉高祖]十一年(公元前196年)八月初三日,江陵县丞鳌呈请审议。三月己巳日,大夫禒呈递状辞说:"六年二月中,在士伍点住处买得婢女媚,价钱一万六千钱。媚于三月丁巳日逃跑了,抓获她后,她说自己不应当是奴婢。"

媚申辩道:"我以前是点的婢女,楚时期就逃脱了。到了汉朝,没有上户籍。点逮住我后,仍将我作为奴婢报了户口,卖给禒。我认为自己不应该还是奴婢,就逃跑了。其他情况,和禒所说的相同。"

点说:"媚以前是我的婢女,楚时期逃跑了。六年二月中找到她,她没有户口,给她报了户口,卖给了禒。其他情节,和禒、媚所说相同。"

诘问媚:"你以前是点的奴婢。虽然楚时逃跑了,可是到汉朝后,并没有申报户籍。点逮住你后,仍将你作为奴婢报了户口,将你卖与他人,符合法律。你回答,为什么逃跑?"

媚答:"楚时候我已经逃跑,点认为到了汉朝后我仍是他的奴婢,把我卖了。我认为自己不应当还是奴婢,就逃跑了。情况就是这些,没有其他情况可说的。"

复问时,媚说现年四十岁。陈述的其他情节和前面的供词相同。

审定:媚原是点的奴婢,楚时逃亡,到了汉朝后,没有申报户籍。点逮住她,仍以奴婢上了户籍,并将她卖给禒。媚后逃跑并被抓获,现年四十岁。经审讯,均属实。现请求,应该判媚何种罪?其他问题,县廷已有定论。请审议断决、批复。署史厝签发。

县廷属吏拟论：在媚的额颧部刻上记号，将她还给禒，或者判为庶民。

8.数学书

数学，是研究现实世界的空间形式和数量关系的科学。就中华文明史的数学史而言，过去我们看到的最早的数学文献就是东汉的《九章算术》，直到20世纪，从地下发掘了大量的简牍帛书文献，才知道远在《九章算术》之前我们的祖先就已撰著了丰富的数学文献，并已有了远超过去所知的数学成就。地下出土的简牍数学文献，不断刷新着我们的认知。

1983年年底至1984年年初，在湖北江陵张家山的247号汉墓中出土了一部数学著作，叫作《算数书》，早于《九章算术》一个多世纪。

2007年，湖南大学岳麓书院从香港古董市场购藏了一批秦代简牍，其中有一部数学著作叫《数》。2010年，北京大学受捐来自香港的一批秦简，其中有两部数学著作分别叫《算书》《田书》。这些秦简数学文献的发现，把我国最早的数学文献时间提前到了秦代。

2008年，清华大学从香港抢救入藏了一批楚简，其中有一部数学文献叫《算表》，由纵横表格组成，可进行乘法、除法、乘方、开方等运算。这是我国迄今所见最早的数学文献实物，把我国最早数学文献的时间提前到了战国时期。

这些新发现的简牍数学文献非常宝贵,刷新了我们的认识,在很大程度上重写了中华文明的上古数学史。

图82是2002年湖南湘西土家族苗族自治州龙山县里耶古城一口古井里出土的写在一枚木牍上的乘法口诀表,这是我国现今发现的最早的乘法口诀表。

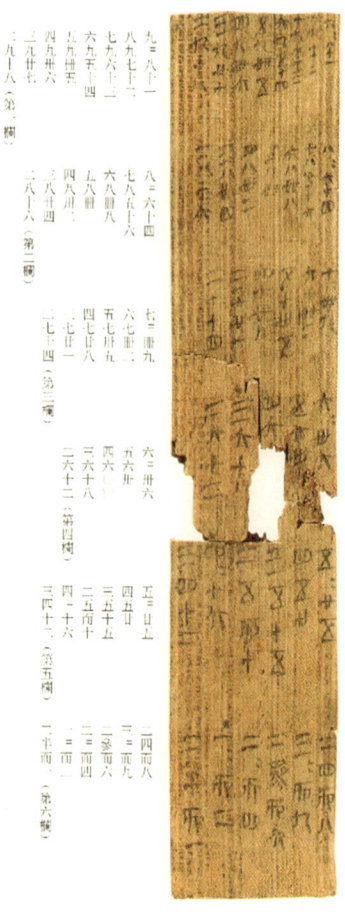

> 图82 里耶秦简乘法口诀表

十、地下图书馆的开启:简帛的内容(上)

图82右是原牍照片,左边是整理的隶定文字,"□"表示残缺掉的字,"=" 表示重文,即要重复前一字,如"二="要读作"二二"。现将以上口诀表横排如下,并将残掉的文字补上,重文也直接写出原文:

九九八十一,八九七十二,七九六十三,六九五十四,五九四十五,四九三十六,三九二十七,二九十八(第一栏)

八八六十四,七八五十六,六八四十八,五八四十,四八三十二,三八二十四,二八十六(第二栏)

七七四十九,六七四十二,五七三十五,四七二十八,三七二十一,二七十四(第三栏)

六六三十六,五六三十,四六二十四,三六十八,二六十二(第四栏)

五五二十五,四五二十,三五十五,二五而十,四四十六,三四十二(第五栏)

二四而八,三三而九,二三而六,二二而四,一一而二[①],二半而一(第六栏)

湖北江陵张家山247号汉墓中出土的《算数书》是一部数学题集,这些数学题属于今天中小学数学课本中的应用题一类题,现仅举其中一道叫"狐出关"的算题:

---

① 一一而二,表示两个一是二。

| 重见天日的地下图书馆 |

狐出关：狐、狸、犬出关，租百一十一钱。犬谓狸、狸谓狐：而皮倍我，出租当倍我。问出各几何。得曰：犬出十五钱七分【钱】六，狸出卅一钱【七】分【钱】五，狐出六十三钱【七】分【钱】三。术（术）曰：今各相倍也并之七为法，以租各乘之为实，实如法得一。

现将该题翻译为现代汉语：

狐出关：狐、狸、犬出关，共应纳税一百一十一钱。犬对狸、狸对狐分别说道："你的皮比我的贵一倍，出的税钱也应是我的一倍。"问：应各出多少税钱？答案：犬出十五又七分之六钱，狸出三十一又七分之五钱，狐出六十三又七分之三钱。算法：设定按各自成倍的比率（犬皮1份、狸皮2份、狐皮4份），相加成7份作为被除数，再用税钱乘以（各自的比率）作为除数，所得商数即各自应出的税钱。

清华大学入藏的战国简中的数学文献《算表》，共有21枚竹简，每枚长43.5至43.7厘米，宽约1.2厘米，厚约0.13厘米。由纵横表格组成，可进行乘法、除法、乘方、开方等运算。图83是《算表》照片。

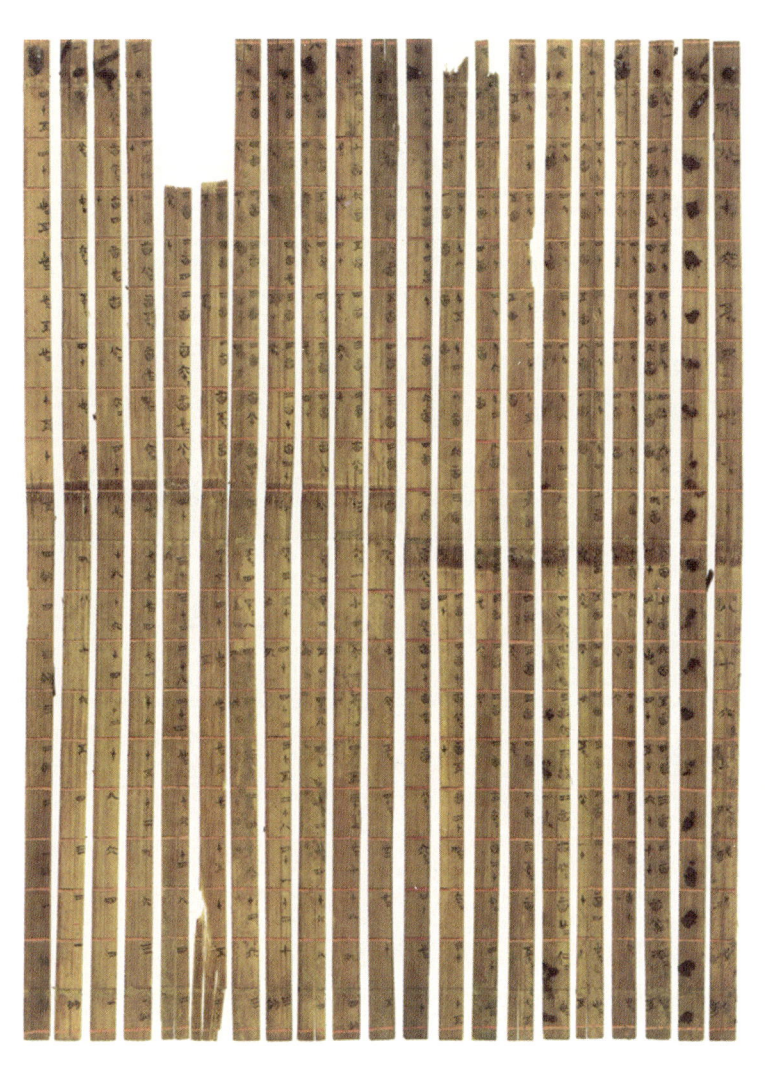

十、地下图书馆的开启：简帛的内容（上）

> 图83　清华简《算表》

将此表纵向端头的数字与横向端头的数字进行垂直交叉，即可进行相关运算。图84是示意图。

$\frac{1}{2}$	1	2	3	4	5	6	7	8	9	10	20	30	40	50	60	70	80	90	
45	90	180	270	360	450	540	630	720	810	900	1800	2700	3600	4500	5400	6300	7200	8100	90
40	80	160	240	320	400	480	560	640	720	800	1600	2400	3200	4000	4800	5600	6400	7200	80
35	70	140	210	280	350	420	490	560	630	700	1400	2100	2800	3500	4200	4900	5600	6300	70
30	60	120	180	240	300	360	420	480	540	600	1200	1800	2400	3000	3600	4200	4800	5400	60
25	50	100	150	200	250	300	350	400	450	500	1000	1500	2000	2500	3000	3500	4000	4500	50
20	40	80	120	160	200	240	280	320	360	400	800	1200	1600	2000	2400	2800	3200	3600	40
15	30	60	90	120	150	180	210	240	270	300	600	900	1200	1500	1800	2100	2400	2700	30
10	20	40	60	80	100	120	140	160	180	200	400	600	800	1000	1200	1400	1600	1800	20
5	10	20	30	40	50	60	70	80	90	100	200	300	400	500	600	700	800	900	10
$4\frac{1}{2}$	9	18	27	36	45	54	63	72	81	90	180	270	360	450	540	630	720	810	9
4	8	16	24	32	40	48	56	64	72	80	160	240	320	400	480	560	640	720	8
$3\frac{1}{2}$	7	14	21	28	35	42	49	56	63	70	140	210	280	350	420	490	560	630	7
3	6	12	18	24	30	36	42	48	54	60	120	180	240	300	360	420	480	540	6
$2\frac{1}{2}$	5	10	15	20	25	30	35	40	45	50	100	150	200	250	300	350	400	450	5
2	4	8	12	16	20	24	28	32	36	40	80	120	160	200	240	280	320	360	4
$1\frac{1}{2}$	3	6	9	12	15	18	21	24	27	30	60	90	120	150	180	210	240	270	3
1	2	4	6	8	10	12	14	16	18	20	40	60	80	100	120	140	160	180	2
$\frac{1}{2}$	1	2	3	4	5	6	7	8	9	10	20	30	40	50	60	70	80	90	1
$\frac{1}{4}$	$\frac{1}{2}$	1	$1\frac{1}{2}$	2	$2\frac{1}{2}$	3	$3\frac{1}{2}$	4	$4\frac{1}{2}$	5	10	15	20	25	30	35	40	45	$\frac{1}{2}$

> 图84 清华简《算表》示意图

9. 预测书

在出土简帛书籍中有很多是与人们日常生活息息相关的，其中包括择时选日吉凶预测类书籍，这种书在古代特别流行，影响也较大，反映了在自然科学不发达时人们对大自然的认识，当然也是研究民俗极有用的材料。这类书籍出土很多，范围也很广，其中一大类就是日书。所谓"日书"，就是选择时日以预测吉凶的书。司马迁写的《史记》中有《日者列传》，"日者"是专门从事时日选择的人士。但长期以来，我们都不知道司马迁笔下的这些日者们使用的预测书是什么样。简帛的出土让我们终于知道了日者们使用的预测书就是日书，并且我们知道，其预测的内容包括婚嫁、生育、丧葬、农作、出行、盗贼等方方面面。

20世纪80年代在湖北江陵县发现的《九店楚简》中的《日书》，其第37至42简文字：

【凡春三月】，甲、乙、丙、丁不吉，壬、癸吉，庚、辛城（成）日。
【凡夏三月】，丙、丁、庚、辛不吉，甲、乙吉，壬、癸城（成）日。
凡秋三月，庚、辛、壬、癸不吉，丙、丁吉，甲、乙城（成）日。
凡冬三月，壬、癸、甲、乙不吉，庚、辛吉，丙、丁、城（成）日。
凡城（成）日，利以取（娶）妻、嫁女、冠，利以城（成）事，利以内（入）邦中，利以内（纳）室，利以内（纳）田邑，利以内（入）人民，利。凡吉日，利以祭祀、祷词。凡不吉日，利以见公王与贵人，利以取货于人之所，毋以舍人货于外。

以上所谓"成日",属吉日,指做事能顺利成功。

1986年在甘肃天水放马滩出土的放马滩秦简中的《日书》,其第142至143简文字是预测不同时段出生将会生男或生女的:

平旦,生女;日出,生男;凤食,女;莫(暮)食,男;日中,女;日过中,男;日则(昃),女;日下则(昃),男;日未入,女;日入,男;昏(昏),女;夜莫(暮),男;夜未中,女;夜中,男;夜过中,女;鸡鸣,男。

以下举一个日书以外的例子。前文图24是尹湾汉墓中出土的编号为YM6D9木方正面,该木牍的第一、二栏是《神龟占》,下面将该预测文献转换成清晰的黑白形式,并加标点和纠正误抄文字:

十、地下图书馆的开启：简帛的内容（上）

●用神龟之法：以月毚①以后左足而右行，至今日之日止，问。

直右胁者②，可得，为姓朱氏名长，正西。

直后右足者，易得③，为王氏名到，西北。

直尾者，自归④，为庄氏名余，正北。

直后左足者，可得，为朝氏名欧，东北。

直左胁者，可得，为郑氏名起，正东。

直前左足者，难得，为李氏名多，东南。

直头者，毋来也⑤，不可得，为张氏，正南。

直前右足者，难得，为陈氏名安，西南。

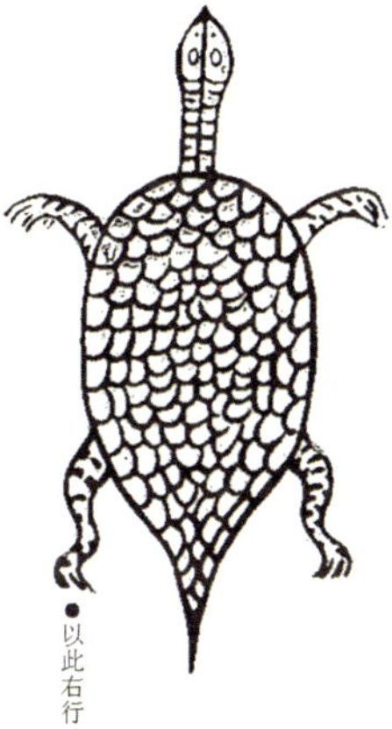

以此右行

> 图85　尹湾汉简《神龟占》

---

① 月毚，即月朝，亦即月初，指每月初一。
② 直，同"值"，即"遇、对"之意，此指运行的时日对在、停在（神龟的相应部位）。胁，身躯两侧自腋下至腰上的部分，此指神龟前足以下后足以上的部位。
③ 易得，容易捉到。
④ 自归，自行投案，投案自首，自行归顺。
⑤ 毋来，不能捕捉归案。来，使之来，使之归服。

图85是占卜预测文献,由第一栏的文字(占解辞)和第二栏的龟图组成,此文献是占问盗贼情况的,包括盗贼是否能捉到、姓名、所在方向等。

第一句前的"●"相当于现今的着重号,提示此句是本文献的开篇语,很重要。龟图左后足的"●"也是表示很重要。第一句意为:使用神龟图占卜的方法:从月初开始,以左后足为起点自左向右运行(即逆时针方向),到当天停止,查看所占问的结果。

此占测文献运行推算的方式是:从神龟左后足起为该月第一天(初一),逆时针方向运行,第二天(初二)、第三天(初三)、第四天(初四)、第五天(初五)、第六天(初六)、第七天(初七)、第八天(初八)、第九天(初九)、第十天(初十)……依次运行至龟的尾、右后足、右胁、右前足、头、左前足、左胁、左后足、尾……如此周而复始运行于龟的相应的八个部位,由欲卜问的日子"今日"所"直(值)"之处,即所对应的龟的相应部位,来查看相对应的占解辞(第一栏文字),便可得到盗贼的有关情况。例如,卜问的日子"今日"是初七,由初一对应的龟左后足起,逆时针方向运行至初七,所对应的部位便是左前足,查看相应的占解辞是:"直(值)前左足者,难得,为李氏名多,东南。"得到的占卜结果是:当天停在神龟左前足,所卜盗贼难以抓获,该盗贼姓李名多,在东南方向。

十一、地下图书馆的开启：简帛的内容（下）

前文"十"我们介绍了简帛书籍，接下来我们介绍简帛文书。

文书，即公私往来的信函、公文、案卷、契约、簿籍等。上古时期流传下来的文献都是书籍，就是我们所说的古书，我们完全不知道先秦两汉时期的文书像什么样。今天，大量的简帛文书面世，为我们敲开了了解上古时期文书面貌的大门。今由简帛可知，先秦两汉时期的文书实际上非常丰富，包括了当时社会生活的方方面面。依据其内容、性质和用途，简帛文书可分为以下8类：簿籍类文书、信函类文书、报告类文书、政令类文书、契约类文书、案录类文书、检楬类文书、其他文书。

1.簿籍类文书

簿籍类文书，是各种账簿名册类文书，即专门记录人、物、钱的簿册。这类文书是简帛文书中最常见、所占比例最大的一类。例如：

尹湾汉简共有19种文献,而其中的簿籍就多达10种:《集簿》《东海郡吏员簿》《东海郡下辖长吏名籍》《东海郡下辖长吏不在署、未到官者名籍》《东海郡属吏设置簿》《武库永始四年兵车器集簿》《赠钱名籍》《君兄衣物疏》《君兄缯方缇中物疏、君兄节司小物疏》《衣物疏》。前7种主要是有关东海郡军政情况的簿籍,后三种是遣策,就是陪葬品清单。

其中《赠钱名籍》的内容是记墓主师饶病、死受众亲友的赠钱名单及钱两数额的。这些与随葬的其他财物一样,都属于墓主的财产,要带到阴间去享用,故这些赠钱名籍也一并随同下葬。此木牍正面分七栏书写,反面分四栏书写。图86是《赠钱名籍》反面最末一栏的照片和相应的隶定文字:

王都卿二百	庄少子百	后子然百	夏稚卿百	戴子然二百	易子势三百	王君都二百	番次翁二百

> 图86 尹湾汉简《赠钱名籍》反面最末一栏及隶定文字

图87是20世纪70年代在甘肃敦煌肩水金关出土的汉简《劳边使者过界中费》。这是一个保存完好的簿籍文书编册,所记内容是慰劳边疆的使者经过界中时的饮食招待费清单。用于招待的食品包括粱米、羊、酒、盐、豉、荠酱、姜等,共值一千四百七十钱;招待人数共二十七人,平均每人五十五钱(实际准确数是每人54.4444钱,这里显然取的是约数)。账册中的"●"表示强调,相当于现在的着重号。

> 图87　肩水金关汉简《劳边使者过界中费》

下面将此账册的文字用简化汉字进行隶定,加上标点符号并用括号标注说明性文字,再进行横排:

● 劳边使者过界中费:

粱米八斗,直(值)百六十。

即米三石,直(值)四百五十。

羊二,直(值)五百。

酒二石,直(值)二百八十。

盐、豉各一斗,直(值)卅。

荠将(酱)罿(姜),直(值)五十。

● 往来过费凡直(值)千四百七十。

● 肩水见吏廿七人,率人五十五。

图 88 是《居延汉简》中编号为 37.35 的木牍和相应的隶定文字。

此枚木牍是 20 世纪在甘肃古居延发现的,是关于官吏财产的登记簿,被登记人是一位候长,所记内容有奴婢、马、住宅、牛、田地、服牛等及其价值。木牍分四栏书写。

第一栏大字书写"候长觻得广昌里公乘礼忠,年卅",意思是说,被登记人是觻得县广昌里人,爵位是公乘,名叫礼忠,年龄三十岁。

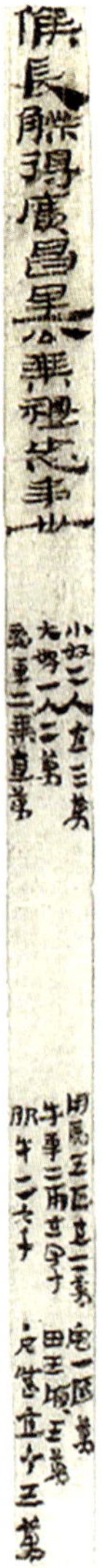

> 图 88 《居延汉简》编号为 37.35 的木牍及隶定文字

第二栏小字书写,凡3列:

小奴二人,直三万。
大婢一人,二万。
轺车二乘,直万。

第三栏也是小字书写,凡3列:

用马五匹,直二万。
牛车二两,直四千。
服牛二,六千。

第四栏也是小字书写,凡3列:

宅一区,万。
田五顷,五万。
●凡訾直十五万。

以上"直",同"值",指价值(多少)。轺车,是一匹马驾的轻便车。服牛,指役使的牛。訾,指钱财。最末一句是账目汇总数,句首的"●"表示以下是汇总数,"凡訾值十五万"意即:财产一共值十五万钱。

2.信函类文书

信函类文书,指公私信函,即军政机构之间往来的公函和私人之间往来的信函。简帛中的信函类文书不少,下面就公函和私函各举一例以见一斑。

图 89 是《居延汉简》中编号为 160.4 的木牍和相应的隶定文字。

这是一封发给第廿三候长的公函,告诉他函件已到,叫他召箕山隧长明赶快去见候官,“以急疾为故,急急”,说明此事十分紧急。

下面把木牍文字用简化汉字转写,并加上标点符号进行横排:

告第廿三候长:记到,召箕山隧长明诣官,以急疾为故,急急。

以上所举是公函例,下面举私人信件例。

20世纪90年代发现于甘肃敦煌悬泉置遗址的悬泉汉简中有一幅帛书,所书内容正是一封私人信件。该帛书编号[1]为Ⅱ90DXT0114③:611,长 23.2 厘米,宽 10.8 厘米。这是一位驻守在敦煌边疆的叫元的人

160.4

告第廿三候長記到召箕山隧長明詣官以急疾為故急=

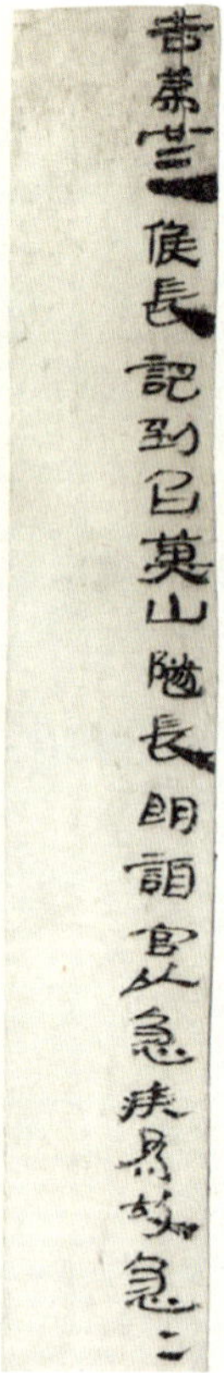

>图 89 《居延汉简》编号为 160.4 的木牍及隶定文字

① 该编号为《悬泉汉简》中的编号。

十一、地下图书馆的开启：简帛的内容（下）

从敦煌写给一个叫子方的人托他在内地办事的一封私信。这封信本应带到内地，不知由于什么原因没有带走。

现将该封书信用简体字隶定，加上标点符号并用括号注明解释性文字而录如下：

元伏地再拜请：

子方足下善无恙！苦道子方发，元失候不侍驾，有死罪。丈人[1]、家室、儿子无恙。元伏地愿子方毋忧。丈人、家室元不敢忽骄，知事在库，元谨奉教。暑时元伏地愿子方适衣、幸酒食、察事，幸甚！谨道：会元当从屯敦煌，乏沓（鞜）[2]，子方所知也。元敢不自外，愿子方幸为元买沓（鞜）一两，绢韦，长尺二寸；笔五枚，善者。元幸甚。钱请以便属舍，不敢负。愿子方幸留意，沓（鞜）欲得其厚，可以步行者。子方知元数烦扰难为沓（鞜）。幸甚幸甚！所因子方进记差次孺者，愿子方发过次孺舍，来报。次孺不在，见次孺夫人容君来报，幸甚，伏地再拜子方足下！●所幸为买沓（鞜）者愿以属先来吏，使得及事，幸甚！元伏地再拜再拜！●吕子都愿刻印，不敢报，不知元不肖，使元请子方，愿子方幸为刻御史七分印一，龟上，印曰："吕安之印。"唯子方留意，得以子方成事，不敢复属它人。●郭营所寄钱二百买鞭者，愿得其善鸣者，愿留意。自书：所愿以市事幸留意留意毋忽，异于它人。

---

[1] 丈人，这里是对收信人子方家长辈的称呼。
[2] 沓，同"鞜"，指皮鞋。

以上"●"表示强调,并有提示以下是另一层文意的作用。从这封信可知,写信人是托人代笔写的,所以信末有"自书:所愿以市事幸留意留意毋忽,异于它人"。信中托子方代为购买鞜(皮鞋)、笔,并代朋友托子方刻印章,印章刻"吕安之印"几字,又代朋友托子方买鞭,希望所买的鞭"善鸣"(挥舞时响声要好)。图90是这封书信的帛书照片。

> 图90 《悬泉汉简》编号为Ⅱ90DXT0114③:611的帛书

3. 报告类文书

所谓报告类文书，是指下级机关向上级机关或下属向上司的报告。简帛中这类文书也很多。例如：1972年至1982年在甘肃古居延出土的居延新简。

在《居延新简》中编号为E.P.F22:80至82的木牍，就是一份给上级机关的报告。该份报告用3枚木牍写成，图91是木牍照片和相应的隶定文字。

> 图91 《居延新简》编号为E.P.F22:80至82号的木牍及隶定文字

现用简体字隶定,加上标点符号并用括号注明解释性文字而录如下:

建武三年三月丁亥朔己丑①,城北燧(隧)长党敢言之②:乃二月壬午,病加两脾雍(臃)肿③,匃(胸)胁支满④,不耐食饮⑤,未能视事⑥。敢言之。

三月丁亥朔辛卯,城北守候长匡敢言之:谨写移燧(隧)长党病书如牒,敢言之。今言府请令就医。

这是城北隧长党向上级汇报自己因病"未能视事"的报告,即向上级呈交的因病未能工作的报告,类似于今天的请假条。第一段是前两简的内容,是请假人隧长党呈给上级长官候长的报告。第二段是第三简的内容,又分为两部分。一是候长用牒书形式将此事转报给上级候官。二是最末一句"今言府请令就医",这是候官批示语(此句字体与前面完全不同),意思是"今将请令就医事再报都尉府备案"。由此份报告可知,当时戍边吏卒的请假制度是有较严格的程序的。

---

① 建武,汉光武帝刘秀的年号。建武三年,即27年。三月丁亥朔己丑,三月初一是丁亥,己丑是三月初三。下文的"三月丁亥朔辛卯",也是指三月初一是丁亥,报告日是"辛卯"。
② 敢言之,这是下级或晚辈向上级或长辈的谦卑语,表示我斗胆向您言。
③ 病加两脾臃肿,生病了,两脾堵塞肿胀。
④ 胸胁支满,胸胁部阻塞胀满。支,阻塞。
⑤ 不耐食饮,吃不了什么东西。
⑥ 视事,指上班履职。

4.政令类文书

政令类文书,是军政机关下发的命令、规章、告示、批示等。简帛中这类文书也不少。例如:

《居延新简》中编号为EPF22:254至257的木牍,就是一份政令文书。该文书属于上级下达的"除书",也就是职务任命书。该份任命书共有4枚木牍,其中第一枚木牍是正面反面同时书写,编号为EPF22:254A和EPF22:254B(A、B分别表示正面和反面),其余三枚是单面书写。以下是该文书内容:

建武五年四月丙午朔癸酉,甲渠守候谓第十守
　　　　　　　　　掾谭。

士吏孝:书到,听书从事,如律令。

第十守士吏李孝:今调守万岁候长,有代,罢。

万岁候长何宪:守卅井①塞尉。

这份除书(任命书)分为两部分。第一部分是第一枚木牍的正面和反面,为任命书的正件。第二部分是后三枚木牍,为任命书的附件,即任命的具体内容。任命的具体内容是:"第十守士吏李孝:今调守万岁候长""万岁候长何宪:守卅井塞尉。"即李孝任万岁候长职,原万岁候长何宪改任守卅井塞尉。图92是该份除书的照片和相应的隶定文字。

---

① 卅井,简文又常写作"三十井"。

建武五年四月丙午朔癸酉甲渠守候

謂第十守

EPF22:254A

四月丙午朔癸酉甲渠灈 謂第十守

士吏李書到聽書從事如律令

掾譚

EPF22:254B

士吏李書到聽書從事如律令

EPF22:255

第十守士吏李孝

今調守萬歲候長有代罷

EPF22:256

萬歲候長何憲

守卅井塞尉

EPF22:257

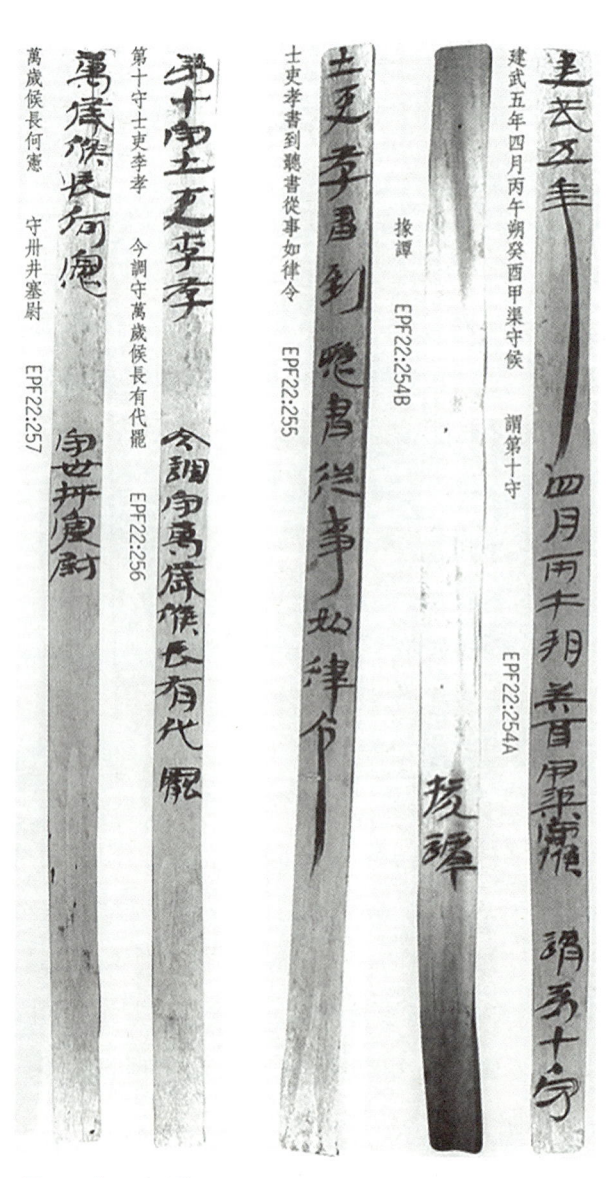

> 图92 《居延新简》编号为EPF22:254至257的木牍及隶定文字

《悬泉汉简》中编号为Ⅱ0114④:340的文书,也是一份政令文书,该文书内容如下:

效穀长禹、丞寿告遮要、县(悬)泉置:破羌将军将骑万人从东方来,会正月七日,今调米、肉、厨、乘假自致受作。毋令客到不办与,毋忽,如律令。掾德成、尉史广德。

这是上级下达的关于准备接待"破羌将军"所率部的命令,大意是:"效穀长禹、丞寿告遮要、县(悬)泉置各部下:破羌将军将率领骑兵万人从东方来,恰逢正月七日,现在就调度米、肉、厨师、车乘等,为此事各自准备接待。不能客人到了没有办理,不可掉以轻心,按照有关律令办理。下达命令人:掾德成、尉史广德。"

5. 契约类文书

契约类文书,包括各类公私契约,如各类公约、合同、约定等。简帛中这类文书也不少。例如:

《居延新简》中编号为EPF16:1至17的简原本是一个编册,是用绳编联起来的一个册子,只不过出土时编绳已没有了。这个册子就是契约文书,是一件品约文书,共17枚简编为一册,最后一枚自名"塞上烽火品约",故人们称此册为《塞上烽火品约》册。这17枚简每简首端均有表示分条款的圆点"●",即表示每一"●"下是一个条款。此件文书1974年出土于居延甲渠候官遗址编号为16的房址,内容是居延都尉下属的三个候官,即"殄北候""甲渠候""卅井候",共同订立的当发现敌情时,如何举烽火相告通报的公约。三个候官所辖地区均处于居延战线的北边,三个候官下设有许多候、隧,故订立共同约定的御敌措施很有必要。现将此品约文书用简体字引如下(每一简为一段),并加上标点符号和括号:

● 匈人奴①昼入殄北塞,举二烽,□②烦烽一,燔一积薪;夜入,燔一积薪,举堠上离合苣火,毋绝至明。甲渠、三十井塞上和如品。

● 匈人奴昼【入】③甲渠河北塞,举二烽,燔一积薪;夜入,燔一积薪,举堠上二苣火,毋绝至明。殄北、三十井塞和如品。

● 匈奴人昼入甲渠河南道上塞,举二烽,坞上大表一,燔一积薪;夜入,燔一积薪,举堠上二苣火,毋绝至明。殄北、三十井塞上和如品。

● 匈奴人昼入三十井降虏隧以东,举一烽,燔一积薪;夜入,燔一积薪,举堠上一苣火,毋绝至明。甲渠、殄北塞上和如品。

● 匈奴人昼入三十井候远隧以东,举一烽,燔一积薪,堠上烟一;夜入,燔一积薪,举堠上一苣火,毋绝至明。甲渠、殄北塞上和如品。

● 匈奴人渡三十井县索关门外道上隧天田失亡,举一烽,

---

① 匈人奴,为"匈奴人"之误写,下同。
② □,表示无法辨认的字,一"□"表示一字。下同。
③【入】,表示"入"字为原简抄写时漏抄,今补上,即"【 】"表示补充文字。下同。

坞上大表一,燔二积薪;不失亡,毋燔薪。它如约。

●匈奴人入三十井诚劈北隧县索关门以内,举烽燔薪如故;三十井县索关诚劈隧以南,举烽如故,毋燔薪。

●匈奴人入殄北塞,举三烽;后复入甲渠部,累举旁河烽;后复入三十井以内部,累举堠上直上烽。

●匈奴人入塞,守亭鄣不得下燔薪者,旁亭为举烽燔薪,以次和如品。

●塞上亭隧见匈奴人在塞外,各举部烽如品,毋燔薪。其误,亟下烽灭火,候、尉、吏以檄驰言府。

●夜即闻匈奴人及马声,若日且入时见匈奴人在塞外,各举部烽,次亭晦不和;夜入,举一苣火,毋绝尽日,夜灭火。

●匈奴人入塞,候、尉、吏亟以檄言匈奴人入,烽火传都尉府,毋绝如品。

●匈奴人入塞,承塞中亭燧举烽燔薪□□□□烽火品约。塞□□□举一烽,毋燔薪。

●匈奴人即入塞,千骑以上,举烽,燔二积薪;其攻亭鄣坞壁田舍,举烽,燔二积薪。和□如品。

●县田官吏令、长、丞、尉见烽火起,亟令吏民□烽□□诚敖北隧部界中民田□畜牧者□□……为令。

●匈奴人入塞,天大风,会及降雨不具烽火者,亟传檄告,人走马驰,以急疾为故□。

●右塞上烽火品约。

由上可知，此契约文书《塞上烽火品约》订立得非常细，遇上什么样的敌情，遇上什么样的天气，是白昼还是夜晚，该如何举烽火燔积薪，时长多少，若天起大风、降雨无法举烽火燔积薪又怎么办，各种情况都订得非常细。图93是该品约的照片和相应的隶定文字。

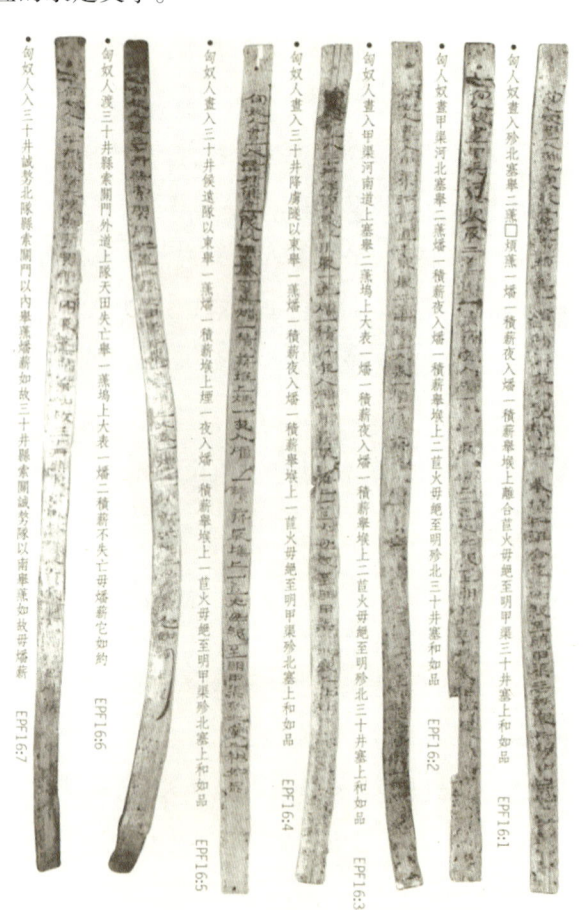

> 图93A 《居延新简》编号为EPF16:1至16:7《塞上烽火品约》册及隶定文字

十一、地下图书馆的开启：简帛的内容(下)

匈奴人入塞承塞中亭隧舉薪煙薪□□□薪火品約塞□□□舉一薪毋燔薪　EPF16:13

匈奴人入塞候尉吏坐以檄言匈奴人入薪火傳都尉府毋絕如品　EPF16:12

夜即聞匈奴人及馬聲若日且入時見匈奴人在塞外各舉部薪次亭暗不和夜入舉一苣火毋絕壹日夜滅火　EPF16:11

塞上亭隧見匈奴人在塞外各部薪如品毋燔薪其誤薦下薪滅火候尉吏以檄馳言府　EPF16:10

匈奴人入塞守亭鄣不得下燔薪者旁亭爲舉薪燔薪以次和如品　EPF16:9

匈奴人入殄北塞舉三薪後復入甲渠部累舉旁河薪後復入三十井以內部累舉堠上直上薪　EPF16:8

> 图93B 《居延新简》编号为EPF16:8至16:13《塞上烽火品约》册及隶定文字

| 重见天日的地下图书馆

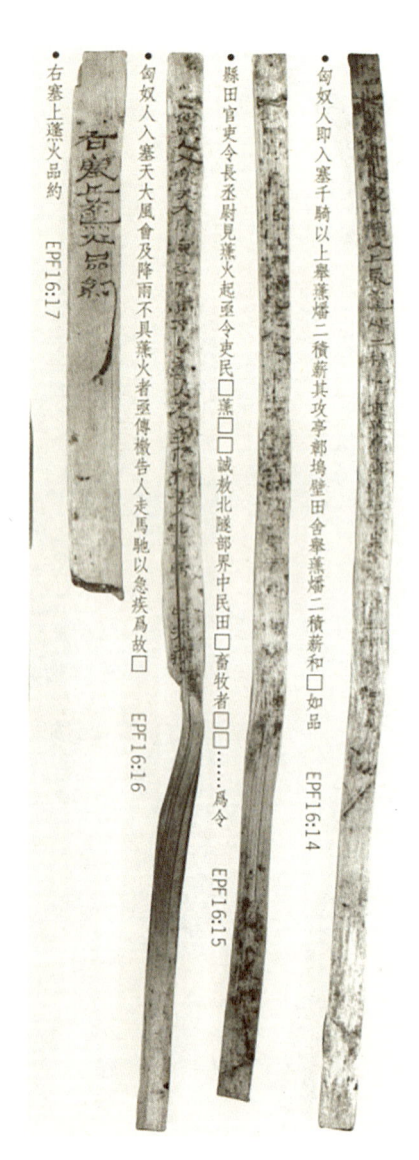

匈奴人即入塞千騎以上舉蓬燔二積薪其攻亭鄣塢壁田舍舉蓬燔二積薪和□如品 EPF16:14

縣田官吏令長丞尉見蓬火起亟令吏民□蓬□□誠赦北隧部界中民田畜牧者□□……爲令 EPF16:15

匈奴人入塞天大風會及降雨不具蓬火者亟傳檄告人走馬馳以急疾爲故 EPF16:16

右塞上蓬火品約 EPF16:17

> 图93C 《居延新简》编号为EPF16:14至17《塞上烽火品约》册及隶定文字

《居延汉简》中编号为287.13的一枚木牍，也是一份契约文书，图94是该枚木牍的照片和相应的隶定文字。这是一份贳卖文书。所谓贳卖，即赊卖，即买卖货物时，卖方延期收款，亦即出售商品先不结清货款，按买卖双方约定，买方在一定的期限内付清货款的买卖方式。所谓贳卖文书，指记录贳卖行为的合约。现将这份贳卖文书用简体字转写如下，并加上标点符号：

惊虏隧卒东郡临邑吕里王广，卷上字次君，贳卖八稯布一匹，直二百九十，鑠得定安里随方子惠所，舍在上□门第二里三门东入。任者阎少季、薛少卿。

"惊虏隧卒东郡临邑吕里王广"大字书于简中央，以下的文字则用小字两行书写。"卷上字次君"，书于简右侧，意思是指档案上所登记的卖方王广的字是"次君"。"稯"，同"緵"，为计量织物经线密度的单位，八十缕为一稯。"八稯布"，指密度为八稯的布。"直二百九十"，指价值为二百九

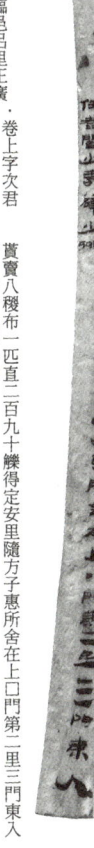

> 图94 《居延汉简》编号为287.13的木牍及隶定文字

十钱。"觻得",是县名。"定安里",是里名。"随方子惠所",指交易地点在买方随方子惠的居所,"随方"是姓名,"子惠"是字。"任者",担保人,指交易时的买卖双方以外的第三方担保人。这份契约文书的大意如下:

惊虏隧卒东郡临邑吕里的王广(档案上登记的字是"次君"),赊卖八稯布一匹,价值二百九十钱,交易地点是买方觻得定安里随方(字子惠)的住所,住所具体地点在上□门第二里三门东入。担保人是阎少季、薛少卿。

6. 案录类文书

案录类文书,是考核结果记录、日常事务记录或其他有关事务记录的文书。简帛中这类文书也不少。例如:

《居延新简》中编号为EPT50:18的木牍,就是一份案录文书,是一份考核结果记录。其考核的对象是军队中的军官,是军官参加秋试射的记录。图95为该枚木牍的照片和相应的隶定文字。现将这份案录文书的文字用简化字转写,并加上标点符号:

> 图95 《居延新简》编号为EPT50:18的木牍及隶定文字

張掖居延甲渠塞有秩候長公乘樊立

鴻嘉三年以令秋試射發矢十二中帋矢十二

EPT50:18

十一、地下图书馆的开启:简帛的内容(下)

张掖居延甲渠塞有秩候长公乘樊立①,鸿嘉三年②以令秋试射,发矢③十二,中腓④矢十二。

秋试射是汉代边塞官吏每年必须参加的依法进行的考核,即"以令秋试射"。规定每人共射十二矢,射中六矢为合格,超过者每矢赐劳十五日(奖励休息十五天);不足六矢者为不合格,差一矢每矢夺劳十五日(取消休息十五天)。西北汉简中多有相关记载,如:《居延汉简》285·17:"功令第卌五:士吏、候长、烽燧长常以令秋试射,以六为程,过六,赐劳矢十五日。"《居延新简》EPT56:337:"弩发矢十二,中腓矢六为程,过六、若不腓六,矢赐、夺劳各十五日。"也就是说,按照当时的"功令第卌五"规定,士吏、候长等军官常按令参加秋考核,进行试射,每人共射十二箭(矢),射中六箭为合格,超过或不够六箭者均要酌情分别予以奖励或惩罚。上述《居延新简》EPT50:18木牍的大意为:

张掖居延甲渠塞的有官职俸禄有公乘爵位的候长樊立,于鸿嘉三年按照规定参加秋试射,共射十二箭,射中十二箭。

《居延新简》中编号为180.39+190.33的木牍(见图97),也是

---

① 有秩候长公乘樊立,指候长樊立有官职俸禄,并有"公乘"爵位。
② 鸿嘉三年,公元前18年。"鸿嘉"是汉成帝年号。
③ 发矢,射箭。
④ 中腓,射中目标。

一份案录文书，是封缄发文记录。将该牍文字用简化字转写如下，并加上标点符号：

十月尽十二月吏奉用钱致。[1]●一事一封。十月戊午尉史彊[2]封。

这是封缄发文记录，所封缄的发送之文是"十月尽十二月吏奉用钱致"，即十月到十二月底三个月官吏奉用钱通知书。因为通知的官吏众多，需一个人发一份通知书，所以说"一事一封"，并且在"一事一封"前打上表示强调的"●"。"十月戊午尉史彊封"是文书发出的封缄时间（十月戊午）和封缄人（尉史彊），并与上文分栏书写，即与上文拉开距离留出空白。这里的"封"，是涂抹上封泥保密，使派送人不敢拆封。[3]

《居延汉简》中编号为EPT51:340的木牍[4]（见图96），也是一份案录文书，是一份启封文件的记录，即收到文件后开启文件的记录。也就是说，上例是封缄发文记录，是文件密封后发出的记录，而本木牍则是启封文件记录，是文件收到后开启文件的记录。将《居延汉简》中编号为EPT51:340的木牍文字用简化字转写如下，并加上标点符号：

---

[1] 十月尽十二月，十月到十二月底。致，通知书。
[2] 彊，即强。
[3] 关于文件的保密，请见"六、精巧的保密装帧:检"。
[4] 该木牍出土时断为上下两截，上截的编号为180.39，下截的编号为190.33，将两截拼合还原，编号自然为180.39+190.33。

```
            其一封吕宪印
书三封      一封王建国      十月辛巳令史弘发。
            一封李胜
```

如上所述,这是启封文件记录。"发",即启发,亦即拆开封泥,与上所举例封缄记录之"封"相对。启封记录通常分三栏书写:上栏记所收件之性质和数量,这里是"书三封"(文件三个);中栏记发件人及其所发文书件数,这里为"其一封吕宪印、一封王建国、一封李胜",即一封是吕宪印发来的,一封是王建国发来的,一封是李胜发来的;下栏记启封时间及启封人,这里的启封时间为"十月辛巳",启封人是"令史弘"("令史"是官名,"弘"是人名),"发"是启发,即拆开封泥。

图96、图97分别是《居延新简》中编号为E.P.T51:340木牍和《居延汉简》中编号为180.39+190.33木牍的照片和相应的隶定文字。

> 图96 《居延新简》编号为EPT51:340的木牍

> 图97 《居延汉简》编号为180.39+190.33的木牍

7.检楬类文书

前文"六、精巧的保密装帧:检"曾介绍过:检,又称"封检",是古代公文传递或保存时所用的密封装置,一般在书有需保密文字的木牍(木板)上面再盖上检木(木牍),甚至检木背面也写上需保密的文字,检木用来封闭内里的书写内容,上刻有凹槽(多为横向),外用绳缠绕凹槽和下面的木牍,再用泥封住凹槽结绳处,在泥没干之前加盖上印章,待泥干后,便是完美的保密装置,一旦拆封就无法还原。检木上一般会写上有关文字,若是公文传递检,则会写与发件人及收件人相关的文字;若是实物保存检,则会写上与实物有关的文字。

前文"八、巧妙的标识木牌:楬"曾介绍过:楬,是起标识作用的牌子,一般为木制,称"木楬"。顶部有孔或契口以便穿绳或系绳,从而系挂在所标识的物品或文书档案上。楬一般用于两个方面:一是书写物品的名称、数量,并搁放于或系于该物品上;二是系于归了类别的文书档案上,上书该类文书档案的类别。

前文"六"和"八"分别出示过检和楬的照片,下面再举些例子。

《居延新简》中编号为EPT40:8的木牍(见图98),以下是该检的文字:

吴阳书再拜奏
甲渠候曹君门下

这枚文书检的文字分两列,书发件人和收件人。发件人是吴阳,收件人是甲渠候曹君。"门下",是对甲渠候曹君的尊称。

图99是《居延新简》中编号为EPT65∶118的木牍及相应的隶定文字:

羊韦五件① 　　中舍囊一传完封②
●直六百③
交钱六百　　　内●不侵候长晏传

这是一枚实物检,分两栏书写,所记物有羊韦、钱款、传。第一栏的意思是:羊皮五件,价值六百钱,已交六百钱。第二栏的意思是:里面的袋子里装有一件传,完好,已密封。里面所装之传是供不侵候长晏传使用的。在"不侵候长晏传"前打上"●",自然是表示强调,说明此很重要。

---

① 羊韦,羊皮。去毛熟治柔软的皮革为"韦"。
② 囊,袋子,口袋。传(zhuàn),古代过关津、宿驿站和使用驿站车马的凭证。
③ 直,同"值",价值。

十一、地下图书馆的开启：简帛的内容（下）

> 图98 《居延新简》编号为EPT40:8的木牍

> 图99 《居延新简》编号为EPT65:118的木牍

上面举的是检的例子，下面举楬的例子。

《居延汉简》中编号为8.1的一枚双面书写的木牍（见图100），就是一枚楬。这枚双面书写的楬两面所书文字相同：

阳朔二年正月尽十二月①吏病及视事书卷

阳朔二年正月尽十二月吏病及视事书卷

楬上端画了网状,并有穿绳的孔,显然此楬原本是系在书卷上的。此楬文字的意思是:阳朔二年正月至十二月底官吏生病未上班理事以及上班理事记录。

图100是此楬的照片和相应的隶定文字。

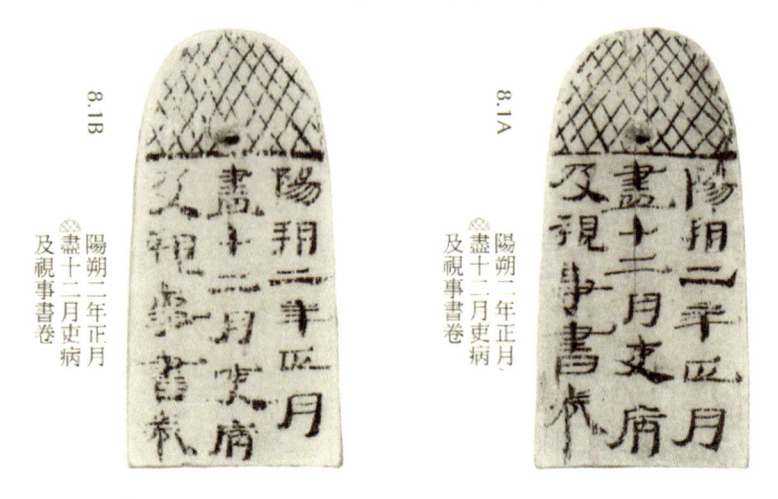

> 图100 《居延汉简》编号为8.1的木牍及隶定文字

1972年在湖南长沙马王堆一号汉墓中出土的49枚楬,上书随葬物品名称和数量,并系于所记物品上,如1号楬书"衣笥"、2号楬书"缯笥"、3号楬书"缯笥"、4号楬书"缯聂币笥"②,均分别

---

① 阳朔,汉成帝年号。阳朔二年为公元前23年。正月尽十二月,指正月到十二月底。
② 所谓笥,就是竹箱。

系于所记装相应物品之笥上。图101是马王堆一号汉墓1至4号楬摹本。

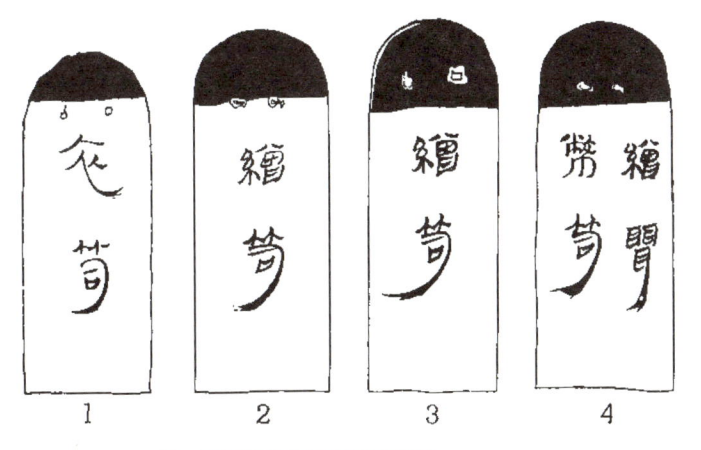

> 图101　马王堆一号汉墓出土1至4号楬摹本

图102是马王堆汉墓系于笥的木楬复原图。

> 图102　马王堆汉墓出土系于笥的木楬复原图

由此图可清楚地知道笥内装的是什么物品。楬上写明了相应的名称,这样以便笥封闭后从楬上文字即可得知笥内是什么物品。

9.其他文书

所谓其他文书,指不便归入以上几类的文书,如名刺、冥间文书、遗嘱等。下面分别予以介绍。

(1)名刺

名刺,犹现代的名片,又称"名谒"。简帛时代多见名刺,充分说明名刺(名片)不是外来品,中国自古以来就有之,只不过现代的名片是印刷品,已不是每一份都需手写。简帛时代的名刺多为木牍写成,前文"五、漂亮的宽大木板:方"已举过尹湾汉墓中出土的编号为YM6D23的名刺,下面再举其中另一件编号为YM6D20的名刺(见图103)。该名刺也是正面和反面双面都书写,正面是对需要拜谒人的称呼,反面是奉上名刺人的问候语。

> 图103 《尹湾汉简》编号为YM6D20的名刺

下面把这件名刺文字用简体字予以转写：

进

师君兄　　　　　（正面）

容丘侯谨使吏奉谒再拜

问

疾　　　　　　　（反面）

正面：进师君兄。反面：容丘侯谨使吏奉谒再拜问疾。

这是容丘侯派手下的官吏送给师君兄的名刺。当时墓主师君兄生病了，他是卒史，所以容丘侯派手下的官吏奉上名刺来问候。

(2) 冥间文书

简帛文书中，与墓葬有关者不少，除所见大量遣策外，还有一类"沟通"人间与阴间的文书，如告地书、路签、报到书等。这些就是"冥间文书"，内容一般为禀告地下官吏相关事宜，也就是人死了写一份禀告阴间官吏的文书随葬于墓中。例如1975年湖北江陵凤凰山168号汉墓出土的一枚竹牍，即通常所说的"告地书"或"告地策"，内容如下：

十三年五月庚辰，江陵丞敢告地下丞：市阳五大夫遂自言与大奴良等廿八人、大婢益等十八人、轺车二乘、牛车一两、驷马四匹、騮马二匹、骑马四匹，可令吏以从事。敢告主。

这是江陵丞告地下丞的一封文书,内容是说市阳五大夫燧及其随葬奴婢、车马等前来地下,"可令吏以从事"(可以叫相关的地下官吏将他们纳于管理中)。

再如,20世纪90年代初在湖北江陵县楚故都纪南城东墙外的高台18号汉墓中发现的用丝绸捆缚在一起的4枚木牍。牍甲是江陵丞给死者前往安都签发的"路签",牍乙是死者给地君的"报到书",牍丙为"告地书",牍丁为"遣策",现将前二者用简化字引如下:

牍甲:

安都　　　　江陵
　　　　　　丞印

这份路签就是江陵官府首长"江陵丞"印的路条,说明死者前往安都,目的是叫地下阴间官吏放行。

牍乙:

新安户人大女燕关内侯寡
大奴甲
大奴乙
大婢妨

此份"报到书"上共有四人。第一位是"新安户人大女燕关内侯寡"（原籍为新安县人，大女，名为燕，是关内侯封邑内的住户，为一名寡妇），第二、三、四位分别是"大奴甲、大奴乙、大婢妨"，也就是说，此四人持此文件前来地下阴间报到。

（3）遗嘱

遗嘱，即人临死时对身后事宜的嘱咐。出土所见不乏遗嘱，例如江苏扬州胥浦101号汉墓出土的遗嘱，共16枚简，内容为墓主生前的遗嘱。下面用现代规范汉字转引、分段和并括注予以说明：

元始五年九月壬辰辛丑，與高都里朱凌庐居新安里，甚疾其死，故请县、乡三老，都乡有秩、佐、里师田谭等为先令券书。凌自言：有三父（夫），子男女六人，皆不同父，欲令子各知其父家次。子女以君、子真、子方、仙君，父为朱孙；弟公文，父吴衰近君；女弟弱君，父曲阿病长实。先令券书明白，可以从事。

妪言：公文年十五去家，自出为姓（生），遂居外，未尝持一钱来归。妪予子真、子方自为产业。子女仙君、弱君等贫毋（无）产业，五年四月十日，妪以稻田一处、桑田二处分予弱君，波（陂）田一处分予仙君。于至十二月，公文伤人为徒，贫无产业。于至十二月十一日，仙君、弱君各归田于妪，让予公文。妪即受田，以田分予公文：稻田二处、桑田二处，田界易如故，公文不得移卖田予他人。时任知者：里师、伍人谭等及亲属孔聚、田文、满真。

这份遗嘱内容分为两部分,故我们分之为两段。前8枚简为第一部分,内容是说墓主"甚疾其死"时立下"先令券书",告诉自己的子女们各自的生父。后8枚简为第二部分,内容是关于家庭财产分配的交代。

墓主叫朱凌,显然是一家之主,是老母亲,她病重临死时立下遗嘱,并且立遗嘱时请了县、乡三老,"都乡有秩、佐、里师田谭等"来现场(由简文的"有秩、佐"与"里师"之间留有空白,说明原准备还要请一些人来,而专门留下来填写的),以立下"先令券书"。朱凌向子女们说明了各自的生父。"子女以君、子真、子方、仙君"四位,其父亲为朱孙;"弟公文",其父亲是吴衰近君;妹妹(女弟弱君),其父亲是曲阿病长实。

老母亲朱凌接着留下遗言:

公文岁离家,自出为生,长期居住在外,未曾拿一钱回家;曾给予子真、子方产业,他们已各自为业;女儿仙君、弱君两位家贫无产业,五年四月十日,给予了弱君稻田一处、桑田两处,给予了仙君陂田一处;五年十二月,公文因伤人成为犯人,贫无产业,于是十二月十一日,仙君、弱君两位都把原来得到的田归还老母亲,老母亲接受了,便分予公文稻田两处、桑田两处,田界变易如旧;老母亲规定,公文不得将这些田卖予他人。

遗嘱最后特别注明了当时知晓情况的旁证人:里师、伍人谭及亲属孔聚、田文、满真。

图104是这份遗嘱的摹本:

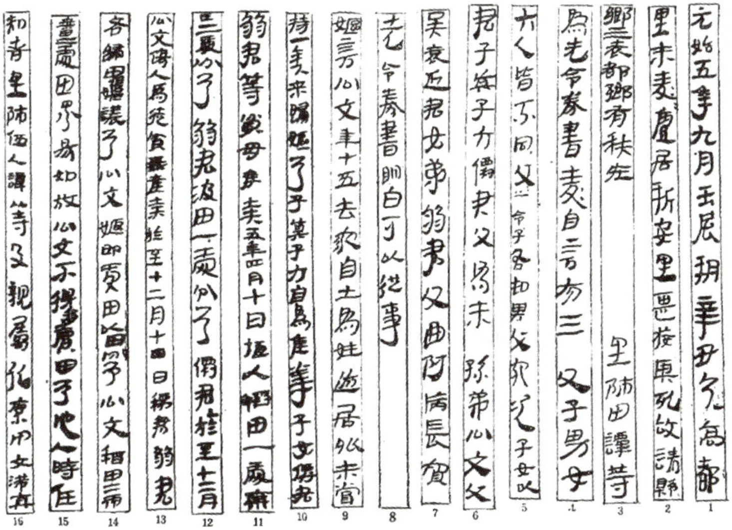

> 图104　胥浦101号汉墓出土的遗嘱摹本

由以上可知，立遗嘱是中国人很早就有的风俗，其目的自然是给后人一个交代，并避免后人因财产而起矛盾纠纷。

十二、结语

中国最早的古书是简帛，而不是甲骨文，也不是金文，因为甲骨文、金文虽然比较早，但不是书籍，而只是文书。简帛文献是成系统的文字作品，才是书籍。简帛除了用于书写书籍外，也用于书写文书。

简帛文献的载体是竹木和丝绸，即文字或图画写或绘在竹片、木片和丝绸上。

简帛的书写工具与后来没有本质上的区别，仍然是毛笔、墨、砚和研石，只不过毛笔与后世的有些不同罢了。简帛时代的笔套是将整支笔纳入套中，而不是后来的仅将笔头（笔毛）纳入笔套中。

简帛的书写载体分别是竹木片制成的书写平面和以丝绸为载体的书写平面。它们之所以能书写长篇文字，是因为它们的书写平面是绵长的。竹木加工成片状后，用绳编联起来，就成为一个可自己调节长度的书写平面。编联起来者称"编册"或"简册"，一个编册可以编联起几十枚竹片或木片，若一本书一个编册写不下，就可接着写于第二、第三个编册，直到写完为止。丝绸，也称"缯""丝帛"，写成的文献多称"帛书"（也称"缯书"）。丝绸是纺织品，自然是绵长的平面，文献书写者可以根据自己所书文献长短来截取长度。因丝绸昂贵，故出土所见帛书远不如简牍多，且帛书大都颇为规整。

简帛时代，如果所写的文字不是很多，又不用编册和丝绸，古人往往就选用另一种载体形式——方。所谓方，就是木方，属于木牍中大的一类，多为长方形，也有正方形的。

简帛时代的检（又称"封检"），是古代公文传递或保存时所用的密封装置，一般在书有需保密文字的木牍（木板）上面再盖上检木（即木牍），甚至检木背面也写上需保密的文字。检木用来封闭内里的书写内容，上刻有凹槽（多为横向），外用绳缠绕凹槽和下面的木牍，再用泥封住凹槽结绳处，在泥没干之前加盖上印章，待泥干后，便是完美的保密装置，一旦拆封就无法还原。

觚是多棱柱体，把一根圆木条或竹的足部削出两个平面，或削出三个、四个平面甚至更多平面，将文字写在平面上。

楬是起标识作用的牌子，一般为木制，称木楬。顶部有孔或契口以便穿绳或系绳，从而系挂在所标识的物品或文书档案上。

简帛为我们展示了先秦至汉魏时期文字形体的原貌，原来我们对古今文字形体演变过程的认识不正确，今从简帛文字可知，文字演变的客观过程是：篆书产生后，当文字向隶书演变，文字由原来篆书的圆转的笔画变为方直的笔画而便于书写时，便同时逐渐演变产生出了隶行、隶草,隶书、隶行、隶草三条线一并向前发展演变,最终各自成为楷书、行书、草书。

百年来简帛的出土数量巨大,内容十分丰富,可以分为书籍和文书两大类。书籍主要包括哲学书、历史书、文学书、医学书、天文书、军事书、法律书、数学书、预测书,等等。这些书籍大都是在传世文献中找不到对应的亡佚的文献,即使有少部分可与传世文献对应,但也有很多不一致之处,故十分珍贵。

简帛中的文书也十分宝贵,因原来我们完全不知道先秦两汉时期的文书像什么样,现在大量的简帛文书面世出土,为我们敞开了了解该时期文书面貌的大门。简帛文书包括簿籍类文书、信函类文书、报告类文书、政令类文书、契约类文书、案录类文书、检楬类文书、其他文书。

有必要再次强调的是,简帛书籍时代在我国书籍发展的历史上所占的时间是最长的。纵观我国书籍的整个历史发展,共经历了三个阶段,即简帛时代、纸卷时代、印刷时代,并续以今天的"电子数据时代"。

"简帛时代"所经历的时间,至少上起夏商周三代,下迄三国西晋,长达约2000年。

继"简帛时代"而起的是"纸卷时代",文字载体材料是纸张,书籍形式是卷子抄本,如吐鲁番出土的文书、敦煌的卷子等。这一阶段的时间不长,其广泛运用时期在东晋至唐代,只有700多的时间,故在中国书籍形态史上,这一阶段只能算作是由"简帛时代"向"印刷时代"发展的过渡时期。

十二、结语

继"纸卷时代"而起的是"印刷时代",这一时代的开始时间大约在唐代晚期。此时,纸卷被印版的折页和装订制度所代替,这是书籍生产形式的一场大革命,大大提高了书籍的生产量。这个阶段一直延续至今,长达1000多年。当然,随着当今电子数据技术的产生和迅猛发展,书籍的"电子数据时代"已开始。

这三个阶段各自经历的时间如下:

简帛时代:约2000年
纸卷时代:700多年
印刷时代:1000多年

所以,纵观我国书籍产生发展的整个历史可知,第一个阶段"简帛时代"经历的时间最漫长,占了我国书籍历史一半以上的时间。所以,绝对不是很多人认为的所谓"线装书"是最古的书。也就是说,仅此而言,就应当引起我们对简帛文献足够的重视。要了解和研究我国的传统文化,就必须高度重视对简帛文献的研究。作为中华民族的一员,我们更应该了解简帛,认识简帛,走进我们中华民族的精神财富——重见天日的宝贵的简帛地下图书馆。

后记

近百年来，中国大陆陆续发现了大量的在纸张发明并广泛运用以前的文献——简帛，这不光是中国文献史上的大事，也是世界文献史上的大事，故有必要向普通民众介绍这些宝贵文献的情况。但是，简帛学是一门高深的显学，要用通俗形式来介绍来推普，不是一件容易的事情。为了能尽量做好这一推普工作，写好这本书，我是数易其稿，才成为现在这个样子，是否达到了浅近易懂的要求，只有让读者来评判了。

这本小册子中的不少材料甚至某些内容，源自我的2016级博士生的热情提供，在此要真诚地向他们表示感谢！他们是：周序林、李真真、陈松梅、马永萍、邢华。另外，感谢本书的编辑何雨婷认真仔细的工作！

2024年10月8日于西南大学竭驽斋